Meine Maus

Speedy
Name:

männlich
Alter: Geschlecht:

Bertram Gaile 24.2.98
Erworben von: am:

Gewicht:

braun, schwarze Augen
Besondere Merkmale:

Foto

Hinweise zur Pflege für die »Urlaubsvertretung«

Fütterungsplan:	Medikamente:	Sonstiges:

Anschrift des nächsten Tierarztes:

Telefonnummer:

des Zoofachhändlers:

Telefonnummer:

Carmen Rohrbach

Unsere Mäuse

Kosmos

Mit 27 Schwarzweißzeichnungen von A. Bauer (22; S. 19, 27–31, 33, 39, 41–48, 50, 57, 58, 61, 64) und M. Golte-Bechtle (5; S. 9, 13, 14, 20, 25). Mit 14 Vignetten von M. Golte-Bechtle.

Mit 18 Farbaufnahmen von H. Bielfeld (5; S. 17 o., S. 18, S. 55 o.), C. Rohrbach (2; S. 17 u., S. 38), A. Jesse (3; S. 35 o.r., u., S. 56 o.l.), H. Reinhard (3; S. 36, S. 55 u.), H. Schrempp (2; S. 56 o.r., u.) und K. Wothe (3; 35 o.l., S. 37).

Vorlagen für die Käfigabbildung auf S. 42 stellte uns freundlicherweise die Firma Wagner und Keller, Ludwigsburg, zur Verfügung.

Die Deutsche Bibliothek – CIP-Einheitsaufnahme

Rohrbach, Carmen:
Unsere Mäuse : [Unterbringung, Pflege, richtig füttern, Eingewöhnung und Verhalten ; Extra: Haltung und Pflege der Ratte] / Carmen Rohrbach. – Stuttgart : Franckh, 1997
ISBN 3-440-07358-0

2. Auflage / 1997

ISBN 3-440-07358-0
Printed in Germany / Imprimé en Allemagne
Satz: Fotosatz Stephan, Stuttgart
Herstellung: Huber KG, Dießen

Umschlaggestaltung von Atelier Reichert, Stuttgart, unter Verwendung von 4 Farbaufnahmen von Reinhard-Tierfoto (Vorderseite) und Horst Bielfeld (Rückseite).

Unsere Mäuse

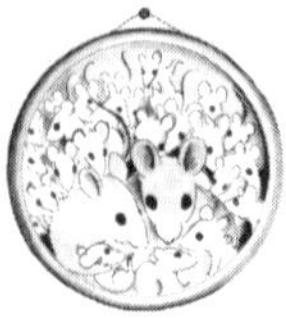

Vorwort

Nur ein kleines Tier ist die Maus, und doch wird sie wie kein anderes Lebewesen nach Gesichtspunkten beurteilt, die gegensätzlicher nicht sein könnten: Man nennt sie einerseits häßlich und widerlich und zählt sie zum Ungeziefer, weil sie die Nahrungsvorräte des Menschen anknabbert, andererseits wird sie als reizend, niedlich und possierlich bezeichnet. Man liebt sie, weil sie ein samtweiches Fell, treuherzige Knopfaugen und rosarote Pfötchen hat und weil sie wegen ihrer Neugier und Anpassungsfähigkeit sehr zahm wird. Deshalb hat sich die Maus einen Platz unter den beliebtesten Heimtieren erobert.
Im Zoogeschäft kann man die seit vielen Mäusepopulationen gezüchteten Tiere kaufen. Sie sind weniger scheu und schreckhaft als ihre wildlebenden Verwandten. Die ursprünglichen Verhaltensweisen, die für Mäuse typisch sind, haben sie jedoch beibehalten. Mäuse sind gleichzeitig neugierig und vorsichtig, sie experimentieren und spielen gern und passen sich veränderten Umweltbedingungen leichter an als andere Tiere. Kinder können ihrer Maus kleine Kunststückchen beibringen, denn Mäuse haben eine große Lernbereitschaft und können Gedächtnisleistungen vollbringen, die man den kleinen Kerlen gar nicht zutraut. Die Beobachtung des Verhaltens der Mäuse ist hochinteressant und kurzweilig. Bei den flinken, lebhaften Tieren ist immer etwas los. Und doch – sogar so ein kleines Tier in der Wohnung zu halten hat nicht nur angenehme Seiten. Es muß gepflegt, gesäubert und gefüttert werden, und es braucht Beachtung und Zuneigung. Wenn wir uns zur Haltung eines solchen Heimgenossen entschließen, müssen wir uns bewußt sein, daß er nun einen Teil unserer Zeit beansprucht. Vielleicht sind wir dazu im Moment bereit, weil es gerade etwas Neues ist – doch das Tier wird mehrere Jahre mit uns leben.
Meist geht der Wunsch nach einem Haustier von den Kindern aus. Kinder haben ein natürliches Bedürfnis nach Tieren. Bei unserer heutigen naturfernen Lebensweise haben sie kaum noch Gelegenheit, dieses Bedürfnis zu stillen, aber Tiere sind wichtig, damit Kinder einen lebensnahen Bezug zu ihrer Umwelt entwickeln können. Trotzdem sind Tiere kein Spielzeug. Die Eltern müssen, je nach Alter des Kindes, einen Teil der Verantwortung mit übernehmen.

Dr. Carmen Rohrbach

Mäusegeschichte und Legende

Die Maus begleitet die Geschicke des Menschen seit Urzeiten. Zuerst war sie eine willkommene Jagdbeute der steinzeitlichen Frauen. Die Frauen damals erstarrten nicht vor Schreck oder liefen schreiend davon, wenn sie beim Wurzelausgraben und Beerensuchen auf ein huschendes Mäuschen stießen, sondern sie erschlugen die Maus und warfen sie in den Kochtopf. So rettete gerade in Hungerzeiten, wenn die Männer ohne Jagderfolg heimkehrten, das Mausmenü vielen Menschen das Leben.

Als der Mensch sein Leben vor etwa 10 000 Jahren grundlegend änderte und als erdschollengebundener Akkerbauer feste Siedlungen anlegte, fand die Maus in den Häusern Schutz vor Kälte und Feinden und in den Vorratslagern ein unerschöpfliches Nahrungsreservoir. In einem solchen Mäuseschlaraffenland vermehrten sich die Nager in Massen – die Mäuseplagen begannen. Im alten Ägypten drohten Hungersnöte, weil Mäuse die Kornspeicher leergefressen hatten. Obwohl es damals schon ihre Hauptfeindin, die Katze, gab, vermehrten sich die Mäuse oft in zu großer Zahl. Die Mäuse wurden als Schädlinge bezeichnet. Nicht nur weil sie die Nahrungsvorräte der Menschen auffraßen, mehr noch weil sie durch Kot und Urin die Speicher verunreinigten. Kamen sie jedoch nur vereinzelt vor, waren sie geduldete Mitbewohner in den Häusern der Menschen. So hat die Maus von Anfang an durch ihre Anwesenheit die Menschheitsgeschichte mitbegleitet.

Immer war ihre Rolle ambivalent: einmal als arger Schädling und Gottesstrafe bezeichnet, dann wieder als heiliges Tier verehrt und zum Mythos erhoben. Die pfiffige kleine Maus, die überall durchschlüpft, gilt als Überlebenskünstler. Als Held vieler Sagen und Legenden triumphiert sie mit Schlauheit und Verstand über pure tumbe Muskelkraft. In Tempeln wurde sie gepflegt und gefüttert, um sie zu Weissagungen zu benutzen. Man schrieb ihr prophetische Kräfte zu, denn die Menschen hatten beobachtet, daß Mäuse Naturkatastrophen wie Erdbeben, Vulkanausbrüche und Stürme vorausahnten und durch ihr Verhalten (Massenflucht, panisches Umherlaufen, Furchtlosigkeit gegenüber Feinden) anzeigten. Mäuse wurden noch bis ins Mittelalter zur Herstellung von Medikamenten benutzt. Heute würden wir uns vor solchen

Heilmitteln ekeln. Aber damals hat man die verschiedensten Tiere, auch Frösche, Kröten und Salamander oder Teile von ihnen, zur Heilmittelherstellung verwendet. Wegen ihrer enormen Fortpflanzungsfähigkeit traute man ihnen wahrscheinlich auch Hilfe gegen die verschiedensten Krankheiten zu. Auch in der Mythologie behaupteten die Mäuse einen wichtigen Platz. Ein Mäusegespann zog den Wagen des indogermanischen Gottes Rudra, des Herrschers über Sturm und Wolken. Als Sturmgeister ließen die Mäuse ihre Nagezähne aufleuchten und schleuderten sie als Blitze zur Erde. Bei den Germanen übernahm es der Gott Wotan, über das Wettergeschehen zu bestimmen. Auch seinen Wagen zogen die Mäuse über den Himmel. Bei den Griechen wählte sich der Schönling Apollo die Maus als Symboltier. Noch im Mittelalter glaubten die Menschen, daß während des Schlafes die Seele in Form einer kleinen Maus den Körper verläßt. Wenn der Maus/Seele die Rückkehr in den Mund des Schläfers verwehrt wurde, mußte der Mensch sterben, so glaubte man. Von einer Maus zernagte Schuhriemen bedeuteten den baldigen Tod des Menschen.

Mäuse griffen auch aktiv ins Kriegsgeschehen ein. Sie zernagten den Assyrern die Lederriemen der Schilde. Die Assyrer, die sich nun nicht mehr verteidigen konnten, wurden von den Ägyptern überwältigt. Auch die Kreter verdanken ihren Sieg über die Ponter vor 4000 Jahren der nagefreudigen Geheimwaffe Maus. Als Dank bauten die Kreter den Mäusen einen Tempel in Tenedos, dort wurden sie gefüttert und verehrt.

In der Vorstellung der Menschen des Mittelalters waren die Mäuse aber auch Unglücksbringer und die Verkörperung der Winterdämonen. Bei jedem Frühjahrsputz wurden sie aus den Wohnhäusern vertrieben. Dann aber wieder traten sie als Rächer auf für die Armen, die der Ungerechtigkeit und Willkür der Reichen ausgeliefert waren. Die bekannteste dieser Sagen ist die vom Bischof Hatto, der für sein hartherziges Verhalten von den Mäusen bestraft wurde. Sie verfolgten ihn so lange, durchschwammen sogar den Rhein, bis sie ihn in seiner Zuflucht, dem Binger Mäuseturm, auffraßen.

Noch heute besteht die ambivalente Haltung des Menschen gegenüber der Maus – einerseits ist sie gequältes, wehrloses Opfer in Versuchslabors, andererseits wird sie als »Micky Maus« verniedlicht und vermenschlicht. Dieses Buch will mit dazu verhelfen, die Maus als Lebewesen zu sehen, ihr natürliches Verhalten zu verstehen und Verantwortung für das Leben zu empfinden, das wir in unsere Hände nehmen.

Die Mäusefamilie

Die Familie der Echten Mäuse *(Muridae)* gehört zur Ordnung der Nagetiere. Das ist eine sehr große, erfolgreiche Gruppe, denn mehr als die Hälfte aller Säugetiere sind Nager. Es gibt keinen Lebensraum, den die Nager nicht erobert haben: Wüsten und Hochgebirge, feuchtheiße Tropenlandschaften, die arktischen Gebiete des ewigen Eises, den Großstadtdschungel und sogar Kühlhäuser. Sie können fliegen, schwimmen, springen, klettern, laufen und graben.
Die artenreichste Familie der Nagetiere sind die Echten Mäuse. Es gibt mehr als 750 Arten, wobei die genaue Anzahl von dem Klassifizierungssystem des jeweiligen Wissenschaftlers abhängig ist.
Gemessen an der Entwicklungsgeschichte des Lebens auf der Erde ist es ein sehr junger Zweig des Stammbaumes der Säugetiere, wahrscheinlich sogar der jüngste – kaum mehr als 15 Millionen Jahre alt. Aber dafür ist er auch der bisher erfolgreichste – was Ausbreitung, Überlebensfähigkeit, Vielseitigkeit und Anpassungsfähigkeit betrifft. Deshalb sind Mäuse für den Überlebenskampf bestens gerüstet, obwohl ihnen keine Verteidigungs- und Angriffswaffen zur Verfügung stehen.

Die Hausmaus
Mus musculus

Durchaus nicht alle Mäusearten kamen dem Menschen ins Gehege. Nur einige wenige Arten machten sich breit in Haus und Hof, Feld, Scheune, Dorf und Stadt. Die Hausmaus, von der die hier besprochenen Farbmäuse abstammen, lebte ursprünglich in den

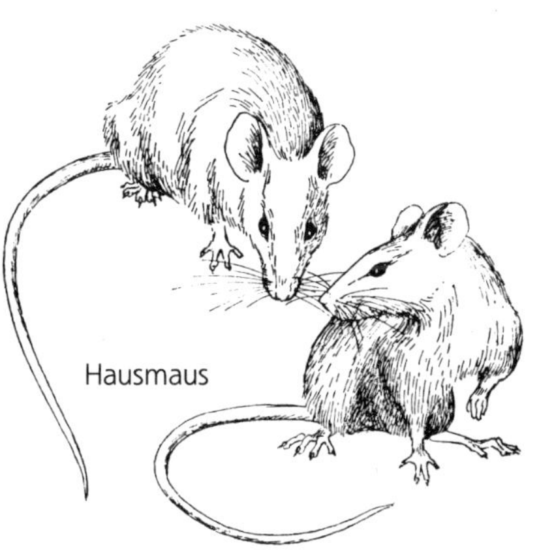
Hausmaus

Steppengebieten Eurasiens. Erst die Konzentration der Menschen in Siedlungen und die Monokulturen der Anbauflächen eröffneten der Hausmaus einen neuen Lebensraum, in dem sie sich im Übermaß vermehren konnte, da es in der Nähe der Menschen weniger Feinde und mehr Nahrung gab. Und mit Hilfe des Menschen verbreitete sie sich über die ganze Erde, denn auf seinen Schiffen und in seinen Warentransporten fuhr sie als blinder Passagier mit. Dank ihrer enormen Anpassungsfähigkeit wurde die Hausmaus in den verschiedensten Klimazonen und Kontinenten heimisch. Als Kosmopolit ist sie heute fast überall anzutreffen.
Die Hausmaus gehört systematisch zu den Langschwanzmäusen *(Muridae)*. In Deutschland unterscheidet man drei Unterarten:

Westliche Hausmaus
Mus musculus domesticus

Sie verdient am treffendsten den Namen Hausmaus, denn sie hat sich von allen Mäusen am engsten dem Menschen angeschlossen. Sie kommt selten außerhalb von Gebäuden vor, meist lebt sie in Schuppen, Scheunen, Lagerhallen, Kellern, Speichern und Dachböden.

Ährenmaus oder Östliche Hausmaus
Mus musculus musculus

Ihr Fell ist eher gelblichbraun im Vergleich zu der grauen Westlichen Hausmaus. Die Unterseite ist heller und an der Flanke durch eine deutliche Trennungslinie abgegrenzt.
Der Schwanz ist kürzer als die Körperlänge. Die Ährenmaus lebt häufig auf Feldern, Feldrainen, Waldlichtungen, Wiesenrändern und Ödlandflächen. Im Winter zieht sie es jedoch vor, in menschlichen Behausungen Schutz und Nahrung zu suchen.
Die Grenzlinie der Verbreitung beider Unterarten ist etwa Elbe – Zwickauer Mulde – Regensburg – München – Isar. Im Grenzgebiet kommen Mischpopulationen vor, da sich beide Unterarten unbeschränkt fruchtbar miteinander kreuzen.

Helgoländische Hausmaus
Mus musculus helgolandicus

Sie lebt ausschließlich auf Helgoland und hat die Körperproportionen der Ährenmaus, aber die Fellfärbung der Westlichen Hausmaus.

In dem weiten Verbreitungsgebiet über Eurasien und Nordwestafrika gibt es noch weit mehr Unterarten:

Steppenhausmaus
Mus musculus spicilegus

Sie ist heimisch auf dem Balkan und in der südwestlichen Sowjetunion. Wahrscheinlich ähnelt ihre Lebensweise noch am meisten der ursprünglichen Lebensform der Hausmaus, als diese noch nicht zum Kulturfolger des Menschen geworden war. Als Steppentier lebt sie in der freien Natur und ernährt sich von Grassamen, Getreide und gelegentlich von Insekten. Der Rücken ist gelblichgrau, der Bauch weißlich.

Asiatische Hausmaus
Mus musculus bactrianus

Sie ähnelt der Steppenmaus im Aussehen, lebt aber weiter im Inneren Asiens als diese. Nur durch genaue anatomische Untersuchungen und Meßreihen sind sie voneinander zu unterscheiden. Die Asiatische Hausmaus hat sich jedoch schon enger dem Menschen angeschlossen.

Mandschurische Hausmaus
Mus musculus manchu

Wie der Name besagt, liegt ihr Verbreitungsgebiet in Innerasien. Kaum von der Asiatischen und der Steppenhausmaus zu unterscheiden. Unerwünschte Mitbewohnerin in Häusern und Gärten.

Wagner-Hausmaus
Mus musculus wagneri

Lebt am weitesten östlich in China. Wie die Westliche Hausmaus hat sie sich eng dem Menschen angeschlossen und kommt auch fast ausschließlich in Gebäuden vor. Im Aussehen ähnelt sie ebenfalls sehr der Westlichen Hausmaus, ihr Schwanz ist länger als der Körper. Schon seit altersher ist die Wagner-Hausmaus bei den Chinesen ein beliebtes Haustier. Gezielt wurden gescheckte Tiere und die Japanische Tanzmaus herausgezüchtet.

Iberische Hausmaus oder Heckenmaus
Mus musculus spretus

Brauner gefärbt als die Westliche Hausmaus und mit kürzerem Schwanz. Unterseite weiß-hellgrau, deutlich abgesetzt. Sie kommt in Spanien, Portugal und im nordwestlichen Afrika vor und hat meist nicht so engen Kontakt zu Menschen. Lebensraum: Gärten, Gebüsch, lichter Wald.

Die liebe Verwandtschaft . . .

In Deutschland gibt es nur wenige Verwandte der Hausmaus, die zur gleichen Familie der Langschwanzmäuse gehören. Es sind nur 6 Arten:

Gelbhalsmaus
Apodemus flavicollis

Sie hat eine gelbe Fellzeichnung vorne am Hals, die schmal wie ein Halsband oder breiter wie ein Latz sein kann. Mit bis 13 cm Körperlänge ist sie eine recht große, kräftige Maus. Der Schwanz ist etwa körperlang. Sie hat auffallend große, wenig behaarte Ohren. Der weiße Bauch ist scharf gegen die braune Oberseite abgegrenzt.
Ihr Lebensraum sind der Buchenhochwald, schattige Abhänge und Böschungen, seltener auch Parkanlagen. Die selbstgegrabenen Baue liegen meist gut getarnt unter Wurzelwerk oder Steinen. Sie ernährt sich hauptsächlich von Baumfrüchten und Pflanzensamen, doch frißt sie auch gern Käfer und deren Larven. Sie legt auch Vorratslager, zum Beispiel von Bucheckern und Haselnüssen, an. Manchmal benutzt sie dazu leerstehende Nistkästen. Sie klettert sehr gut und kann bei Gefahr bis zu einen Meter weite Sprünge machen. Ihre Aktivitätszeit ist während der Dämmerung und in der Nacht.

Waldmaus
Apodemus sylvaticus

Sie kommt im gleichen Lebensraum wie die Gelbhalsmaus vor, liebt aber trotz ihres Namens mehr als diese trockene freie Flächen wie Kahlschläge, Heide, lichte Kiefernwälder, Weg- und Feldränder. Sie ist kleiner als die Gelbhalsmaus, und ihr fehlt deren gelbes Brustband. Manchmal kann man einen gelben Längsfleck erkennen, der Bauch ist grauer gefärbt und geht allmählich in das Braun des Rückenfells über. Sie erscheint meist schon während der frühen Dämmerung, klettert und springt sehr gut und durchschwimmt auch kleinere Gewässer.

Brandmaus
Apodemus agrarius

Sie ist ein besonders attraktives Tier. Über ihren leuchtend rotbraunen Rükken zieht sich vom Kopf bis zur Schwanzwurzel ein schwarzer, etwa 3 mm breiter, scharf abgesetzter Aalstrich. Sie bevorzugt feuchten Boden in Gebüschen, Gärten, Feldgehölzen, an Waldrändern und dichtbewachsenen Ufern von Flüssen und Seen. Im Winter sucht sie Zuflucht in Scheunen, Bienenhäusern, Kellern, Ställen und Komposthaufen. Man kann sie während des Tages und zur Dämmerung beobachten. Sie frißt sowohl pflanzliche als auch tierische Nahrung.

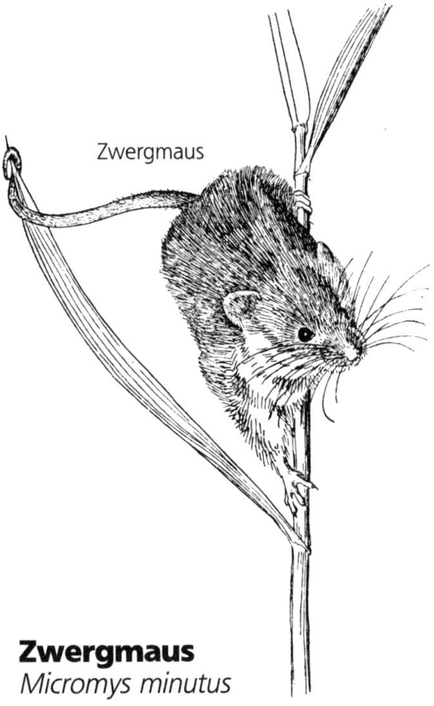

Zwergmaus
Micromys minutus

Mit nur 5—7 cm Körperlänge ist sie die kleinste Langschwanzmaus und ein niedlicher Kobold, der geschickt an dünnen Gras- und Getreidehalmen emporklettert. Der Schwanz wird als zusätzlicher Halt um die Pflanze geschlungen. Ihr kugeliges, kunstvoll geflochtenes Nest baut sie zwischen Getreide, Schilf oder Gras. Sie ernährt sich von Grassamen, Wurzeln und Insekten. Sie ist sowohl bei Sonnenschein als auch nachts aktiv.

Hausratte
Rattus rattus

Sie sieht aus wie eine vergrößerte Hausmaus. In Deutschland ist sie meist von der Wanderratte verdrängt worden. Es gibt drei Färbungstypen:
a) fast schwarz mit bläulichem Schimmer, Unterseite schiefergrau
b) braungrau, Unterseite weißlich, nicht scharf abgesetzt
c) rotbraungrau, Unterseite scharf weiß abgesetzt.
Die Augen der Hausratte sind groß und schwarz glänzend. Die Ohren ebenfalls groß, hoch aufgerichtet und fast durchscheinend dünn.
Ihr Lebensraum sind die oberen Stockwerke in Gebäuden wie Dachböden und Speicher und andere warme, trockene Plätze. Im Gegensatz zur Wanderratte meidet sie feuchte, schmierige Umgebungen, wie es Keller, Kanalisationen, Müllplätze, Kloaken und Flußufer sind. Sie klettert und springt sehr gut, schwimmt aber nur ungern. Sie ist ein sehr geselliges Tier. Meist sind es große Familienrudel von 20—50 Tieren, die friedlich und ohne große Rangstreitigkeiten zusammenleben. Sie ist vorwitziger und neugieriger als die Wanderratte. Als junges Tier an den Menschen gewöhnt, wird sie ein sehr anhängliches, verspieltes und sauberes Heimtier, das durch seine Intelligenz (viel höher als bei anderen Nagetieren, darin etwa vergleichbar mit Hund, Katze und Rabenvögeln) und Lernfähigkeit überrascht.

Wanderratte
Rattus norwegicus

Größer als die Hausratte, Augen und Ohren klein, mehr im Fell verborgen. Rücken braungrau mit schmutzigweißer Unterseite. Ursprünglich von Sibirien und China stammend, ist sie heute weltweit verbreitet, überall wo Menschen leben. Die große Ratte be-

Wanderratte

vorzugt Keller und andere unterirdische Anlagen, besonders gern in Wassernähe. Sie schwimmt und taucht vorzüglich, klettert aber nicht gern. Im Gegensatz zu der hauptsächlich von pflanzlicher Nahrung lebenden Hausratte ist sie ein Allesfresser. Sie tötet Wirbeltiere bis zu Kaninchengröße, vertilgt Aas und Abfälle. Dem Menschen gegenüber ist sie vorsichtig und scheu. Nur wenn ihr kein Fluchtweg offenbleibt, greift sie an. Die Wanderratte ist äußerst aggressiv gegenüber Hausratte und Hausmaus und versucht, diese zu töten.
Auch sie lebt im Familienverband, die Rangordnung wird oftmals durch heftige Kämpfe festgelegt. Artgenossen aus fremden Rudeln werden angegriffen, vertrieben oder getötet. Die Wanderratte ist die Stammform der Weißen Laborratte und anderer Zuchtformen wie Haubenratte und Farbratte.

Weiße Mäuse und Farbmäuse

Die im Zoohandel käuflichen weißen Mäuse und Farbmäuse stammen alle von unserer Hausmaus ab. Der weißen Maus fehlen alle Farbpigmente, deshalb ist ihr Fell schneeweiß. Auch die Iris der Augen hat keine Pigmente, darum schimmern die hinter dem Augapfel befindlichen Blutkapillaren rötlich durch. Solche »Albino« genannten Tiere gibt es auch bei anderen Säugetieren, bei Vögeln, Reptilien und sogar beim Menschen. Das Phänomen beruht auf einer spontan in den Trägern der Erbanlagen (Chromosomen) auftretenden Veränderung (Mutation).
Albinomäuse gibt es auch bei wildlebenden Tieren. Allerdings haben sie wegen der Auffälligkeit ihres weißen Fells weniger Überlebenschancen als ihre mausgrau getarnten Verwandten und können deshalb ihre besondere Veranlagung selten an Nachkommen weitergeben.
Die ersten weißen Mäuse in menschlicher Obhut gab es im Tempel von Tenedos vor 4000 Jahren. Da den »Weißlingen« im Tempel keine Gefahr drohte, konnten sie sich ungestört vermehren. Die Priester unterstützten dies, da sie die weißen Mäuse für besonders heilig hielten. Wahrscheinlich wurden schon damals gezielt Albinos gezüchtet, denn es ist überliefert, daß im Tempel weiße Mäuse in Scharen herumliefen.
Auch später galten sie als etwas Besonderes, und wenn man ihrer habhaft werden konnte, hielt man sie in Gefangenschaft. Im Mittelalter war es

üblich, Albinos als Attraktion auf Jahrmärkten zu zeigen. Obwohl damals die Gesetzmäßigkeiten der Vererbung noch nicht bekannt waren, gelang die Weiterzucht. Man brauchte sie ja nur mit einem ebenfalls weißen Partner zu paaren. Bei der hohen Fruchtbarkeit, die den Mäusen eigen ist, war immer für genügend Nachwuchs gesorgt.
Möglichst reinerbig werden Mäuse als Labortiere gezüchtet, damit für Versuche identisches Tiermaterial zur Verfügung steht. Es sind Zuchtstämme mit ganz bestimmten Eigenschaften und bekannten Erbformeln. Die Tiere werden nicht als Lebewesen gesehen, sondern als geeignetes Material, das man benutzt. Tierliebhaber versuchen zu erreichen, daß die Verwendung lebender Tiere wenigstens eingeschränkt wird.
Weiße Mäuse, auch wenn sie selbst echte Albinos sind, können trotzdem in ihrem Erbgut Farbanlagen für Schwarz, Braun, Gelb, Rot, Silber usw. enthalten. Einer weißen Maus sieht man nicht an, welche Farbanlagen in ihr stecken. Wir wissen es erst, wenn man sie mit einer Wild- oder einer Farbmaus paart und eine genügend große Anzahl von Nachkommen bis zur Enkelgeneration betrachtet (siehe S. 57). Das ursprüngliche wildfarbene Mausgrau ist aus vielen einzelnen Farben zusammengesetzt, für die unterschiedliche Erbanlagen (Gene) verantwortlich sind. Alle diese kann man durch geschickte Zuchtwahl einzeln und rein in immer neuen Varianten und Kombinationen hervorlocken. Auf diese Weise entstehen die verschiedenen Farbschläge der im Zoofachhandel erhältlichen Farbmäuse. Hier sollen nur einige der unzähligen Zuchtfarben genannt werden: Sandgelb, Silbergrau, Zimt, Milchkaffee- und Rehbraun, Champagner, Blue lilac, und es gibt tiefschwarze Farbmäuse, die am Bauch und an der Innenseite der Gliedmaßen leuchtend rotbraun abgesetzt sind. Es ist sehr spannend, Farbmäuse miteinander zu kreuzen und vielleicht eine neue, noch nicht bekannte Farbvariante zu erzielen. Man kann diese Zuchtexperimente ganz systematisch wissenschaftlich durchführen oder einfach als Freude am Experiment den Zufall spielen lassen (siehe S. 57).
Wenn die Stammform unserer Farbmäuse die europäische Hausmaus *(Mus musculus musculus)* ist, wird

Seite 17 oben links: rezessiv gescheckte, schwarzweiße Farbmaus.
Oben rechts: rezessiv gescheckte, wildfarbene Farbmaus.
Unten: Neugierig schaut das schwarze Mäuschen aus seinem Futternapf heraus!

man zwar alle möglichen Farbvarianten erzielen, aber niemals gescheckte Tiere. Nun können wir aber in Zoogeschäften hin und wieder doch Schekken finden. Diese Tiere stammen von der asiatischen Hausmaus *(Mus musculus wagneri)* ab, die den Scheckfaktor im Erbmaterial hat. Die asiatische Hausmaus ist etwas kleiner und zierlicher als die Europäerin und auch nicht ganz so fruchtbar. Die Chinesen, die diese asiatischen Mäuse seit langem als zahmes Spielzeug in ihren Häusern hielten, züchteten braun-weiß und schwarz-weiß gescheckte Tiere.

»Tanzmäuse« sind Tiere mit angeborenen Gehirnschäden. Sie zeigen unkontrollierte Schüttelbewegungen des Kopfes und drehen sich im Kreis.

»Tanzmäuse«

Einige der gescheckten Mäuse zeigen ein eigenartiges Verhalten: Sie können nicht geradeaus laufen, sondern drehen sich im Kreis. Von China wurden sie nach Japan exportiert, und von dort kamen sie als »Japanische Tanzmäuse« auch nach Europa. Die »Tanzmäuse« sind schwarz mit einem weißen Fleck auf dem Bauch und meist auch auf dem Rücken. Oft haben sie eine weiße Blesse auf dem Kopf. Bei den »Tanzmäusen« handelt es sich um Tiere mit angeborenen Gehirnschäden. Sie zeigen unkontrollierte Schüttelbewegungen des Kopfes und drehen sich um die eigene Achse. Ursache dieses »Tanzens« ist eine Zellzerstörung in zwei Kerngebieten des Gehirns. Außerdem sind die Tiere infolge eines Innenohrdefektes taub, die Fruchtbarkeit und die Vitalität sind stark reduziert, und sie können weder springen, klettern noch schwimmen. Wegen einer Störung der Hirnanhangsdrüse (Hypophyse), die unter anderem das Wachstumshormon aus-

Seite 18: Verschiedene Farbmäuse in einem Spielzeughäuschen

schüttet, bleiben Tanzmäuse zwergwüchsig. Es sind also sehr kranke Tiere. Wer das weiß, wird kaum Freude an seinen »tanzenden« Mäusen haben und auf ihre Haltung verzichten, damit die Zucht solch kranker Tiere, die sich zeit ihres Lebens quälen, unterlassen wird. Aber nicht bei allen Tanzmäusen äußert sich das beschriebene Krankheitsbild, denn es wird rezessiv vererbt. Rezessive Vererbung bedeutet: Das entsprechende Erbmerkmal (Gen), in diesem Fall das geschädigte, befindet sich nur auf einem der beiden Chromosomenfäden. Paart man eine kranke Tanzmaus mit einer erbmäßig gesunden, erhält man nur gesunde Tiere. Aber die Hälfte von ihnen ist nur scheinbar gesund, denn sie tragen das kranke Gen des einen Elternteils in sich, ohne daß sich die Krankheit bei ihnen äußert. Wenn man ein so belastetes Tier mit einem anderen belasteten Tier oder einem kranken paart, sind im ersten Fall ein Viertel, im zweiten Fall die Hälfte der Nachkommen krank. Natürlich sieht man es einer scheinbar gesunden Maus nicht an, ob sie Träger des »Tänzer-Gens« ist, sondern kann es nur durch die Weiterzucht herausbekommen. Paaren sich 2 kranke Tanzmäuse miteinander, ist keines der neugeborenen Jungen lebensfähig.

Überlegungen vor dem Kauf

Mäuse sind einfach zu haltende Heimtiere. Sie beanspruchen weniger Raum, Pflege und Beachtung als ein Hund oder eine Katze. Doch gerade weil sie so anspruchslos scheinen und nicht von selbst auf ihre Bedürfnisse aufmerksam machen können, besteht die Gefahr, daß man sie »vergißt«. Am Anfang wird die Pflege gern übernommen, die dann später zu einer lästigen Pflicht werden kann. Denn jedes Tier, sei es noch so klein und anspruchslos, kostet den Tierhalter Zeit. Deshalb sollten Sie sich rechtzeitig darüber klar werden, ob der Wunsch nach einem Tier nur einer momentanen Laune entspringt oder ob Sie willens sind, ein zuverlässiger und ausdauernder Tierhalter zu sein.

Sie müssen täglich wenigstens eine Stunde Zeit einplanen, um sich den Tieren zu widmen, sie zu versorgen, mit ihnen zu spielen und sie zu beobachten. Denn wenn Sie nur schnell Ihre Pflicht tun, also die Wasserflasche und den Futternapf nachfüllen, dann übersehen Sie womöglich die ersten Anzeichen einer Erkrankung. Und nie werden Sie so eine Beziehung zu Ihren Tieren aufbauen können. Wer Tiere wie Einrichtungsgegenstände behandelt, sollte keine halten!

Oft hat jemand zwar den Wunsch, etwas Lebendiges im Haus zu haben, aber er fühlt sich unsicher, da er bisher selten Kontakt zu Tieren hatte. Man braucht jedoch nicht von vornherein aufzugeben und auf Tiere zu verzichten. Wenn kein grundsätzliches Ekelgefühl gegenüber Mäusen vorhanden ist, kann man den Umgang mit ihnen erlernen. Das Wichtigste ist: Zeit nehmen zum Beobachten! Setzen Sie sich vor den Käfig und schauen Sie den Tieren zu. So verlieren Sie Ihre Angst und Scheu und können sich allmählich in sie hineindenken.

Sie sollten auch nicht allein über die Anschaffung der neuen Haustiere entscheiden, vielmehr müssen alle Familienmitglieder damit einverstanden sein, denn falls Sie einmal durch Krankheit verhindert sind, müssen die anderen bereit sein, die Mäuse zu betreuen. Deshalb sollten auf jeden Fall alle die Mäuse gern mögen und sie in die Hand nehmen können, ohne sich überwinden zu müssen. Denn wer sich einer Maus ängstlich nähert, verhält sich ungeschickt, und viele Mäuse beißen, wenn man sie falsch anfaßt. Eine kranke Maus sollte man anfassen können, auch dann, wenn sie von Durchfallkot gesäubert werden muß.

Auf eigene Interessen, zum Beispiel einen Wochenendausflug, muß man verzichten, wenn die Tiere krank sind, und man muß auch bereit sein, Geld für den Tierarzt und Medikamente auszugeben.
In dem Raum, in dem die Mäuse sich befinden, darf auf keinen Fall geraucht werden, und es muß genügend Platz für einen ausreichend großen Käfig vorhanden sein. Mäuse sind lebhafte, flinke Tiere, die sich viel bewegen. Sie brauchen außer einem großen Käfig Laufräder, Wippen und ähnliches zur Betätigung und zum Spielen. Die Geräusche, die dabei entstehen, können für manche geräuschempfindliche Menschen störend sein. An Straßenlärm haben sich die meisten Menschen gewöhnt, aber das leise Rascheln einer kleinen Maus macht sie nervös. Die Laufräder lassen sich aber auch durch einen Tropfen Speiseöl »quietschfrei« machen!
Denken Sie daran, daß Mäuse einen typischen Eigengeruch ausströmen. Manche empfindlichen menschlichen Nasen stört dieser Geruch, auch wenn das Zimmer häufiger und länger als gewöhnlich gelüftet und der Käfig peinlichst saubergehalten wird. Dieser Geruch ist aber das Identitätsmerkmal der Maus, er läßt sich auch nicht vermeiden.
Wenn Sie ein Mäusepaar gekauft haben und zuerst über den Nachwuchs begeistert waren, werden Sie bald merken, daß der Käfig für die Familie zu klein wird. Und Mäuse sind sehr fruchtbar! Bald sind die Töchter trächtig. Was dann? Der Ausweg, Freunde, Bekannte und Verwandte mit dem Mäusesegen zu beglücken, klappt meist nicht und wäre auch bald ausgeschöpft. Und auch die Zoogeschäfte nehmen Ihnen selten die überzähligen Tiere ab. Wenn Sie also keinen sicheren ständigen Abnehmer haben, verzichten Sie lieber auf die Mäusezucht und kaufen nur gleichgeschlechtliche Tiere.
Und noch einmal zum Abschluß: Machen Sie sich klar, daß die Zuverlässigkeit Ihrer Betreuung und Fürsorge ein ganzes Mäuseleben lang halten muß!

Eine Maus für Kinder?

Für ein Kleinkind sind Mäuse nicht geeignet. Im Gegensatz zum robusten Meerschweinchen kann das Kind in diesem Alter mit Mäusen noch nicht spielen. Seine Hände sind noch zu ungeschickt, um die empfindlichen Mäuse anzufassen. Die Tiere würden verletzt werden. Auch beißen sie, wenn man ihnen weh tut. Mit etwa fünf Jah-

ren ist ein Kind jedoch in der Lage, eine Maus zu betreuen. Die Eltern müssen aber zu Beginn immer dabei sein, wenn sich das Kind mit seinen Tieren beschäftigt, und beratend und helfend eingreifen. Eltern, die selbst keine Erfahrung mit Mäusen haben, sollten sich vorher entsprechend informieren bei einem guten Zoohändler oder bei Bekannten, die im Umgang mit Tieren sicher sind. Vor allem muß das Kind lernen, die Tiere mäusegerecht anzufassen (siehe S. 28). Das ist am Anfang noch etwas schwierig, wenn die Tierchen noch nicht an den Menschen gewöhnt sind. Auch die Käfigreinigung muß von den Eltern übernommen und die Fütterung überwacht werden. Denn beim Kind im Vorschulalter steht die spielerische Beschäftigung mit seinem Mäuschen im Vordergrund.
Ältere Kinder können meist ganz allein für ihre Pfleglinge verantwortlich sein, doch sollten auch hier die Eltern auf richtige Behandlung und Fütterung achten. Kinder sind manchmal unzuverlässig. Das ist normal, sie müssen erst lernen, die Verantwortung für ein ihnen anvertrautes Lebewesen zu übernehmen. Falls das Kind einmal nicht für sein Tier sorgt, sollte man ihm nicht drohen oder es gar dafür bestrafen. Tierhaltung darf nicht zum Zwang werden. Nur mit Geduld und Verständnis kann das Interesse an dem Tier wieder geweckt werden.

Wohin mit der Maus im Urlaub?

Solange man nur eben einmal einen Wochenendausflug macht, kein Problem: Die Wasserflasche ist aufgefüllt und der Futternapf voll mit haltbarer Körnernahrung. Wollen wir aber nun gleich mehrere Wochen verreisen, spüren wir plötzlich, daß wir nicht mehr frei sind, sondern mit den netten, unterhaltsamen Heimgenossen auch eine handfeste Verantwortung übernommen haben. Wenn man nicht ins Ausland fährt, kann man die kleinen Tiere mitnehmen. Man muß sie aber ausbruchsicher einsperren. Es eignet sich ein kleiner Mäusekäfig aus Draht oder ein Glasterrarium mit Deckel, in dem sie noch genügend Bewegungsfreiheit haben. Einen solchen Käfig kann man auch später sehr gut gebrauchen, wenn man ein krankes Tier abtrennen muß oder wenn man den Käfig reinigt. Aber Vorsicht: auf die Maschenweite des Gitters achten! Sie sollte nicht mehr als 7 mm Abstand betragen. Manche

Drahtkäfige sind nämlich auf die Körpermaße von Hamstern abgestimmt, und die grazilen Mäuschen winden sich durch engere Löcher, als man vermutet.
Während der Fahrt muß der Käfig rüttelsicher aufbewahrt und abgedunkelt werden. Mäuse im Drahtkäfig dürfen nicht der Zugluft ausgesetzt sein, weil sie davon krank werden. Da Mäuse nicht lange hungern können, geben wir ihnen Futter und eine Wasserflasche in den Käfig, außerdem saftiges Obst (Apfel, Birne usw.). Offene Trinkgefäße sollten vermieden werden.
Schwierig wird es bei Reisen ins Ausland. Keinesfalls dürfen wir die Tiere einfach »schmuggeln«. Nicht nur wir selbst bekommen erhebliche Probleme, sondern wir gefährden auch das Leben unserer Lieblinge, falls sie vom Zoll entdeckt werden. Vor Antritt der Reise sollten Sie sich bei der Botschaft des jeweiligen Landes erkundigen, welche Bestimmungen für die Aus- und Einreise bestehen.
Am besten geben Sie die Tiere während einer Auslandsreise in Pflege. Es ist jedoch nicht immer einfach, jemanden zu finden, der sich mit Tieren auskennt. Als letzte Möglichkeit bleibt, sie zur Aufbewahrung im Zoofachhandel unterzustellen. Nehmen Sie aber nur im äußersten Fall diesen Urlaubsaufbewahrungsort in Kauf, denn es ist wirklich nur ein Aufbewahrungsort. Niemand hat dort die Zeit, sich mit den Tieren zu beschäftigen und mit ihnen zu spielen. Außerdem müssen Sie sich frühzeitig um einen Platz bemühen, da die meisten Zoofachgeschäfte zur Haupturlaubszeit »ausgebucht« sind.

Eine oder mehrere Mäuse?

Nur sehr wenige Tiere sind wirkliche Einzelgänger. Diese suchen dann ihren Partner nur kurz zur Paarung auf. Unser Mäuse gehören nicht zu dieser Gruppe, sondern leben natürlicherweise in Großfamilien. Deshalb fühlt sich eine Maus alleine auch nicht wohl. Selbst wenn Sie sich sehr viel mit Ihrem Heimgenossen beschäftigen, können Sie ihm doch nicht all das geben, war er von einem Artgenossen bekommt. Mäuse haben untereinander Verständigungsmittel durch Geruch, Töne und Körpersprache und übernehmen gegenseitig das Putzen und Lecken des Fells. Wenn Sie nicht den Platz und die Zeit für eine Großsippe haben, dann sollten Sie wenigstens zwei Mäuschen zusammen halten. Die Gefahr, daß sich die zwei dann nur noch miteinander beschäfti-

Mäuse fühlen sich in der Gruppe am wohlsten! Wer trotzdem nur eine Maus halten will, muß sich jeden Tag intensiv mit ihr beschäftigen.

gen und Ihnen gegenüber nicht mehr zutraulich werden, besteht nicht. Aber erwerben Sie zwei Jungtiere, die sich aneinander und an Sie gewöhnen können. Erwachsene Mäuse werden, wenn sie vorher keinen Kontakt mit Menschen hatten, häufig nicht mehr so richtig handzahm. Damit es aber auch nur zwei Mäuse bleiben, müssen sie vom gleichen Geschlecht sein (siehe S. 27). Dabei ist es egal, ob es zwei Männchen oder zwei Weibchen sind. Sowohl zwei »Männer« wie zwei »Weiber« streiten sich mal. Besonders heranwachsende Mäuse rangeln miteinander, wenn die Rangordnung ausgehandelt wird. Das gehört sich so nach Mäuseart, auch wenn es nur zwei Individuen sind. Eines muß sich immer unterordnen, damit das Leben friedlich verlaufen kann.

Wenn Sie unter einer empfindlichen Nase leiden, sollten Sie sich für zwei Weibchen entscheiden, da diese weniger Eigengeruch ausströmen. Die Männchen setzen deftige Geruchsmarken, um das Revier zu kennzeichnen. Sie sind meist lebhafter in ihrem Verhalten und lernen schneller Kunststückchen. Man sollte dies je-

doch nicht als Grundsatz ansehen, denn die individuellen Unterschiede zwischen Tieren sind sehr weit gespannt.

Wir kaufen eine Maus!

Nicht in jeder Zoofachhandlung gibt es Mäuse. Die einen Geschäfte sind auf Aquarienfische spezialisiert, die anderen auf Katzen und Hunde. Am ehesten haben Sie Erfolg in Zooabteilungen der Kaufhäuser und in auf Kleintiere wie Meerschweinchen, Hamster und Mäuse spezialisierten Zoogeschäften. Dabei ist es nicht günstig, schon ausgewachsene Tiere zu kaufen. Jungtiere gewöhnen sich schneller an Sie und werden viel zutraulicher als erwachsene Mäuse, die im Käfig eines Zoogeschäftes nie die Möglichkeit hatten, den Kontakt zu einem Menschen zu lernen.

Setzen Sie auch niemals Alttiere aus verschiedenen Käfigen zusammen, denn die Tiere erkennen am Geruch, ob die andere Maus einer fremden Sippe angehört. Auch bei den generationenlang gezüchteten Farbmäusen ist dieser ursprüngliche Instinkt noch nicht verkümmert. Es kann zu erbitterten Kämpfen kommen, die meist mit dem Tod des Unterlegenen enden. Jungtiere dagegen können ruhig aus verschiedenen Mäusefamilien sein. Wenn sie kämpfen, tun sie das spielerisch oder um die Rangordnung festzulegen.

Schauen Sie sich die zum Kauf angebotenen Tiere gut an. Greifen Sie nicht sofort zu, sondern beobachten Sie die Mäuschen eine Weile. Nehmen Sie kein Tier, das sich passiv in eine Ecke drückt oder mit krummem Rücken herumschleicht, sehr mager ist und ein struppiges Fell hat, denn das sind deutliche Merkmale einer Krankheit. Achten Sie aber auch darauf, daß das Tier nicht zu dick ist, ein Zeichen dafür, daß es schon sehr betagt ist und wegen der Bewegungsarmut im zu kleinen Käfig zuviel Fett angesetzt hat. Das Fell darf keine kahlen Stellen haben, sie sind eine Folge von Milben, Haarlingen, Flechten oder Ekzemen. Auch wenn es gelingt, die Ursachen erfolgreich zu bekämpfen, ist der Haarausfall in einem fortgeschrittenen Stadium kaum noch zu heilen. Durchfall erkennt man am verschmutzten After.

Vielleicht fühlen Sie sich aus Mitleid dazu bewegt, ein krankes Tier zu kaufen. Aber es ist eine traurige Sache. Häufig sind es Todeskandidaten, die man nicht retten kann. Diese schlimme Erfahrung gleich am Anfang kann

die Freude und Begeisterung an der Tierhaltung sehr belasten.
Eine gesunde Maus erkennt man am glatten, seidig glänzenden Fell. Die Augen sind klar und blank, der Körper schlank und schnell beweglich.

Wie unterscheidet man Männchen und Weibchen?

Wenn Sie Ihre Tiere im Zoofachhandel erwerben, kennt sich der Händler meistens mit der Geschlechtsbestimmung aus. Bei erwachsenen Tieren können Sie es leicht selbst feststellen (siehe unten). Bei den Männchen sieht man an der Schwanzwurzel zwei längliche Verdickungen, die Hoden. Der Abstand zwischen After und Genital ist doppelt so groß wie beim Weibchen. Bei Jungtieren ist es schwieriger. Zur richtigen Geschlechtsbestimmung von Jungtieren gehört viel Übung, und man muß mehrere Tiere miteinander vergleichen können.

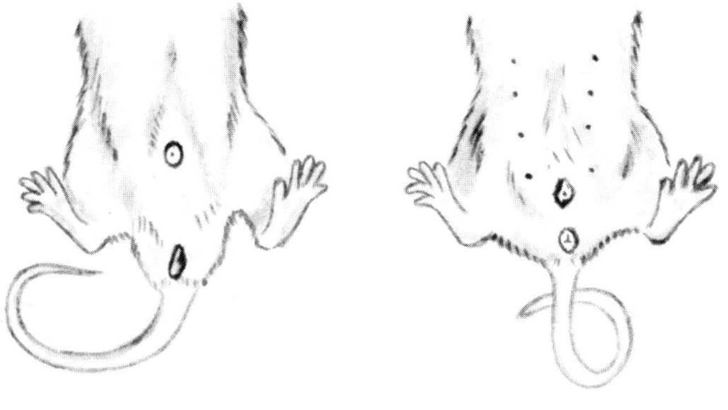

Geschlechtsunterschied bei Mäusen: Links das Männchen, deutlich zu erkennen an den ausgeprägten Hoden am Schwanzansatz und dem Abstand zwischen After und Penis. Beim Weibchen (rechts) liegen After und Geschlechtsöffnung näher beieinander.

Vom Umgang mit der Maus

Richtiges Anfassen

Ihre neuen Hausgenossen nur zu versorgen, ihnen also Futter, Wasser und eine saubere Unterkunft zu bieten, ist nicht genug. Die Tiere brauchen auch Ihre Zuwendung. Denn sie sind kein Zimmerschmuck, sondern Lebewesen.
Jemand, der zum erstenmal Mäuse als Haustiere hält, wird vielleicht einwenden, es sei nicht notwendig, sie in die Hand zu nehmen. Es genügt aber nicht, den Tieren nur zuzuschauen, sondern Sie müssen sich – um wirklich Kontakt zu bekommen – hautnah mit Ihren Pfleglingen befassen. Erst wenn das kleine Tier von selbst in Ihre Hand huscht und sich vertrauensvoll darin zusammenkuschelt, werden Sie wirklich eine Beziehung zu Ihrem Mäuschen entwickeln.

Außerdem ist es stets vorteilhafter, eine handzahme Maus in der Wohnung zu haben als einen scheuen Wildling. Das Umsetzen bei der Käfigreinigung ist dann problemloser, ebenso das Wiedereinfangen, wenn doch mal eine entwischt ist.
Mäuse, die noch nicht zahm sind, bekommt man nur schwer zu fassen. Immer wieder entwischen sie zwischen den Fingern, und wenn man zu fest zupackt, dann beißen sie kräftig zu. Deshalb ist es wichtig, sie bald an uns zu gewöhnen. Sie kommen dann von selbst in unsere Hand.
Manchmal werden Mäuse am Schwanz angefaßt. Das ist aber für die Tiere unangenehm. Bei dieser Behandlung werden sie nie richtig zahm.

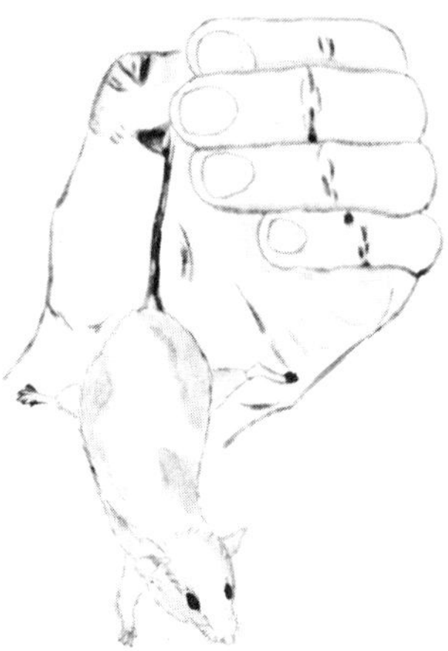

So darf man eine Maus auf keinen Fall anfassen! Erstens ist es für unsere Maus unangenehm, und zweitens kann die dünne Schwanzhaut reißen.

Außerdem ist es gefährlich. Wenn man nicht weit genug oben an der Schwanzwurzel zugreift, kann die dünne Schwanzhaut abreißen.
Wie gewöhnen wir die Tiere an unsere Hand? Legen Sie die leicht geöffnete Hand in den Käfig. Neugierig kommen die Mäuschen heran und schnuppern. Die Barthaare kitzeln leicht unsere Haut. Bleiben Sie ganz ruhig. Durch Zurückzucken verschrekken Sie die Tiere wieder. Wenn eine Maus in die Hand geschlüpft ist, können wir sie aus dem Käfig herausheben. Im Gegensatz zum Hamster, der nicht klettert, kann die Kletterkünstlerin Maus den Abstand zum Boden abschätzen und wird nicht hinabspringen. Am Anfang, wenn sie noch ängstlich ist, schützen wir sie aber mit der zweiten Hand. Sobald sie sich sicher fühlt, läuft sie am Arm entlang und geht auf unserem Körper spazieren. Besonders gern huscht sie in Taschen, unter den Kragen und in den Ärmel. Wir dürfen uns dann nicht zu heftig beugen, um sie nicht versehentlich zu drücken. Wenn sie an uns gewöhnt ist, sucht sie sich ein Lieblingsversteck. Aber Vorsicht: Wenn Kinder ihre Maus in einer Kleidungstasche spazierentragen, ist die Verletzungsgefahr für das Tier sehr groß. Die Eltern sollten wiederholt auf die Gefahr hinweisen und vor allem darauf achten, daß die Tasche für die Maus nicht zu eng ist. Eine gute Idee ist es, ein kleines Beutelchen in der Innenseite der Jacke anzunähen.

Ganz zahme Mäuse haben meist ein Lieblingsversteck in den Taschen ihres Besitzers.

Umgang mit der Maus

Sehr aufpassen muß man bei Jungtieren. Während einer bestimmten Phase ihrer Entwicklung, mit etwa 16 Tagen, springen und hüpfen sie unkontrolliert herum und können leicht herunterfallen. Es ist das sogenannte »Flohalter«. Zwar werden sie besonders zahm, wenn man sie in dieser Zeit oft in die Hand nimmt, aber wir müssen sehr aufpassen, denn wenn sie aus der Hand hinunterspringen, verletzen sie sich meist tödlich.

Eingewöhnung

Wir kaufen erst dann eine Maus, wenn wir die Unterkunft für unseren neuen Hausgenossen vorbereitet haben. Zum Kauf braucht man kein Transportgefäß mitnehmen, denn jeder Zoohändler hat ein geeignetes vorrätig. Sie können einen stabilen, gut schließbaren Pappkarton benutzen, den Sie mit Luftlöchern versehen. Achtung: Wenn der Heimweg zu lange dauert, nagen sich die Tiere einen Durchschlupf. Besser geeignet ist ein Holzkistchen oder ein Drahtkäfig. Bei einem mehrstündigen Transport muß man Futter hineinlegen und eventuell auch eine Wasserflasche anhängen. Für eine kurze Transportzeit und nur ein oder zwei Tiere ist ein größeres Glasgefäß ausreichend, in dessen Deckel Sie Löcher hineinschlagen. Bitte das Gefäß mit Heu, Stoff u.ä. auspolstern. Achten Sie darauf, daß während des Transportes die Maus nicht zu sehr beunruhigt und durchgeschüttelt wird. Günstig ist es, wenn das Transportgefäß in einer stabilen Tasche steht.

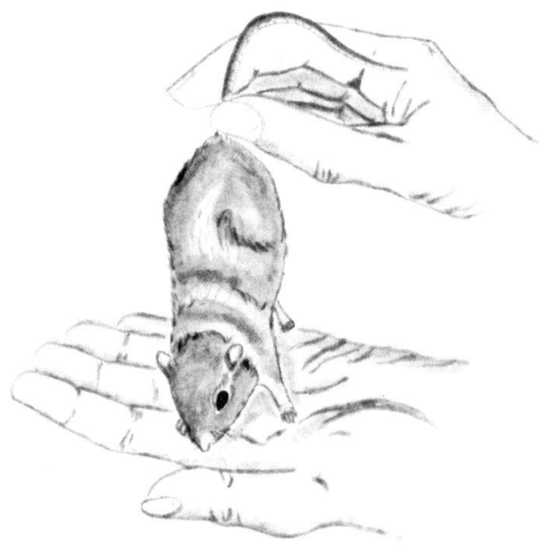

Eine noch scheue Maus wird vorsichtig mit Daumen und Zeigefinger der rechten Hand an der **Schwanzwurzel,** also so nah wie möglich am Körper festgehalten und auf der leicht gewölbten linken Hand transportiert.

Umgang mit der Maus

Zu Hause setzen wir unseren neuen Zögling in den vorbereiteten Käfig. Das Tier ist ängstlich wegen des Transportes und der neuen Umgebung, die so ganz anders riecht als die bisher ge wohnte. Sicher wollen Sie jetzt beobachten, was Ihr neuer Gast unternimmt. Deshalb setzen wir uns ein paar Meter entfernt auf einen Stuhl. Geräusche und Bewegungen müssen wir vermeiden. Wahrscheinlich wird unsere Geduld zunächst auf eine harte Probe gestellt, denn der Neuankömmling bleibt unsichtbar für uns in seinem Versteck. Wenn wir Pech haben, kann das mehrere Stunden dauern. Erst wenn das Tier sich sicher fühlt, kommt es vorsichtig heraus und inspiziert den Käfig. Wenn wir mehrere Tiere zusammen erworben haben, geht die Eingewöhnung schneller.

Nach etwa zwei Tagen beginnen wir, sie mit uns vertraut zu machen. Das Wichtigste ist, daß sie unseren Geruch kennenlernt. Wir legen die Hand in den Käfig, halten sie ganz ruhig und warten, bis sie herankommt und schnuppert. Am Verhalten der Maus merken Sie, ob sie schon Zutrauen gefaßt hat. Vorsichtig können wir dann die Hand bewegen oder versuchen, das Tier sanft hinter den Ohren zu kraulen. Bedrängen Sie das Mäuschen nicht. Es wertet das als Bedrohung.

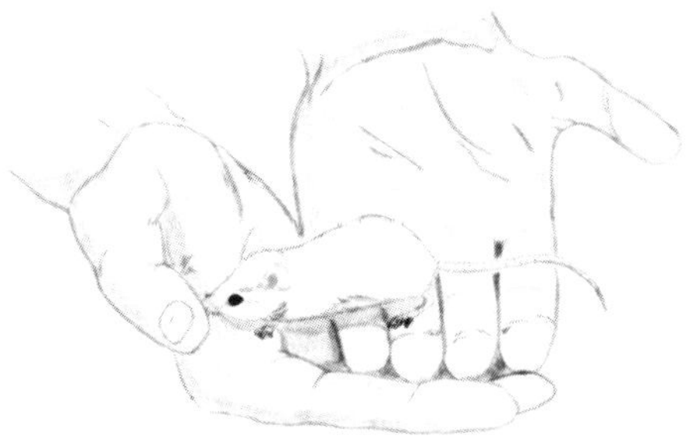

So trägt man die Maus, wenn sie schon zahm ist!

Meist dauert es einige Zeit, bis sie in die Hand kommt. Die Maus muß selbst bestimmen können, wann sie sich sicher genug dazu fühlt. Wir können sie jedoch ein wenig verführen, indem wir ein Stückchen Käse oder einen anderen Leckerbissen für sie bereithalten.

Sobald sich die Maus in der Hand sicher fühlt, hebt man sie langsam vom Boden hoch. Zeigt das Tier keine Beunruhigung, kann man es aus dem Käfig herausnehmen. Da die Maus uns geruchlich kennenlernen muß, darf sie auf uns herumlaufen. Dadurch wird sie schnell sicher und vertraut. Sie kann uns dann mit der Nase von anderen Personen unterscheiden. Später setzen wir sie auf einen Tisch und zeigen ihr, daß sie nur in unsere Hand zu kommen braucht, wenn sie wieder in den Käfig zurück will. Denn sie sieht den Käfig als ihr Territorium an, in dem sie sich sicher und geborgen fühlt und alles Lebensnotwendige zur Verfügung hat. Unser Pflegling mag es gern, wenn er sacht mit dem Finger gestreichelt und gekrault wird, vor allem am Rücken, Nacken und Kopf. Tiere, die täglich die Ansprache und Zuneigung ihres Pflegers erfahren, werden den Aufenthalt im Käfig nicht als Gefangenschaft empfinden.

Der »Mäusezirkus«

Auch ein großer Käfig reicht nicht aus, um den Betätigungsdrang, die Unternehmungslust und die Neugier der Mäuse zu befriedigen. Ihre Sinne und Fähigkeiten verkümmern, wenn sie sich ständig in begrenzter, sattsam bekannter Umgebung aufhalten müssen. Deshalb sollten wir ihnen täglich Auslauf und Beschäftigung bieten. Da Mäuse ein gutes Lernvermögen besitzen, kann man ihnen kleine Kunststückchen beibringen. Achten Sie darauf, daß diese Dressur-Übungen ohne Zwang und Streß ablaufen. Beschäftigen Sie das Tier nie länger als zwei Stunden. Voraussetzung für jede Dressur ist es, das Verhalten des Tieres zu beobachten und seine natürlichen Fähigkeiten zu trainieren. Bei Mäusen sind das: laufen, klettern, springen, balancieren, sich verstecken, die Vorliebe in Höhlen zu kriechen und die ausgezeichnete Orientierungsfähigkeit. Sie können Ihren »Zirkusartisten« ein richtiges kleines Programm beibringen. Das Erfolgsrezept für solche Dressuren heißt: sich Zeit nehmen für seine Tiere, sie niemals zwingen, sondern die Übungen spielerisch durchführen und versuchen, die Erlebnis- und Gefühlswelt des Tieres zu verstehen. Der Aufbau des Mäusezirkus ist ganz einfach. Entsprechendes Zubehör können Sie im Fachhandel kaufen: Treppen, Leitern, Schaukeln, Wippen und Laufräder. Man muß kein großer Bastler sein, um auch einiges selbst herzustellen: Strickleitern und Balancierseile aus Paketschnur, Brükken und Türme aus Baukastenteilen, Reifen zum Durchspringen aus Draht. So können Sie mit ein wenig Phantasie Ihren kleinen Zirkus gestalten. Die Maus wird sich aus Neugier und spielerischem Antrieb von selbst mit den Geräten beschäftigen. Sie können ihr jedoch auch eine ganz bestimmte Abfolge antrainieren. Dazu braucht es Geduld, und die Maus muß natürlich handzahm sein. Wir beginnen mit zwei Geräten, später kommen dann

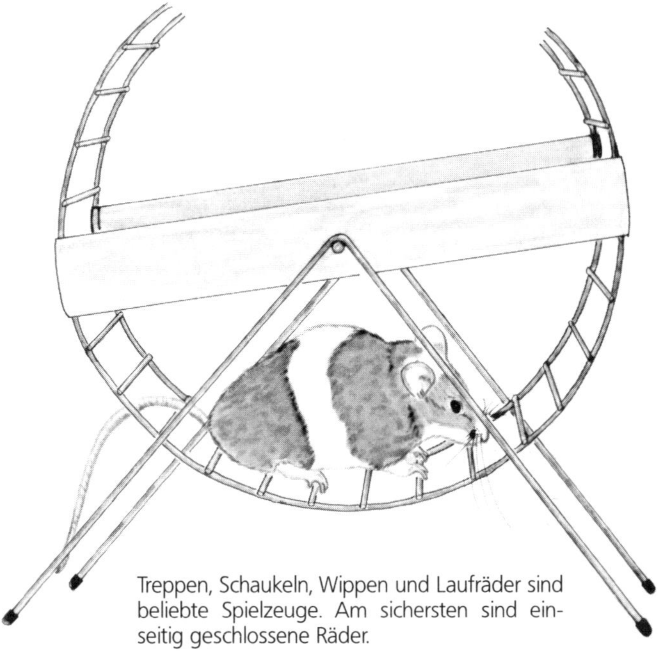

Treppen, Schaukeln, Wippen und Laufräder sind beliebte Spielzeuge. Am sichersten sind einseitig geschlossene Räder.

nach und nach mehr dazu. Nehmen Sie erst dann ein neues Gerät in die Übung auf, wenn das Tier die bisher gelernten und die von Ihnen festgelegte Reihenfolge beherrscht. Läuft die Maus falsch, das heißt zu einem Gerät, das nicht in der von Ihnen gewünschten Reihenfolge liegt, muß sie wieder von vorn beginnen. Nach einigen Tagen weiß die Maus den Weg. Dann können Sie eine kleine Vorstellung geben. Die Zuschauer werden erstaunt sein, wenn Sie der Maus die einzelnen Stationen zurufen, z. B. »lauf über die Wippe« oder »spring durch den Reifen«, und die Maus gehorcht, als würde sie Ihre Worte verstehen. Aber nochmals möchte ich darauf hinweisen: Wenn die Maus einen Fehler macht, darf sie nicht bestraft werden, außer daß man sie in den Käfig zurücksetzt. Verlangen Sie

nicht zuviel von dem Tier. Am Anfang sollte man nur wenige Minuten mit dem Tier trainieren. Beherrscht die Maus den Durchgang, darf es auch länger sein. Eine genaue Zeitangabe will ich nicht geben, denn jedes Tier signalisiert, wenn es genug hat. Es ist dann unaufmerksam, macht Fehler, versucht wegzulaufen, wird unruhig und scheu. Versuchen Sie nie, einen Trainingserfolg zu erzwingen. Es muß dem Tier und Ihnen Spaß machen. Wenn Sie spüren, daß Sie ungeduldig werden, brechen Sie die Übung ab.
Auf Jahrmärkten hat man früher nicht nur zahme weiße Mäuse, sondern auch Wildmäuse als »Artisten« auftreten lassen. Dabei hat man das Fluchtverhalten der Mäuse geschickt ausgenützt. Die kleinen Nager suchen bei Gefahr immer nach einem dunklen Einschlupfloch. Das einzige, was ihnen als Versteck geboten wurde, war die halbgeöffnete Hand, die der »Mäusezirkusdirektor« vor ihnen herführte. So waren sie gezwungen, dem sich entfernenden Versteck nachzulaufen, und lernten dabei die Abfolge der Übungen. Am Ende durften sie sich als Belohnung in der Hand verkriechen.
Bei uns lernt die Maus ihre Aufgaben aus Neigung zu Bewegung und Spiel. Geduldig dirigieren wir sie mit der Hand, sperren ihr den falschen Weg ab und weisen den richtigen, bei einem Fehler wird sie sanft aufgenommen und an den Anfang gesetzt.
Die Verhaltensforscher bedienten sich der Mäuse und anderer Tiere, um deren Intelligenz zu testen. Bekannt sind die Versuche im Irrgarten oder Labyrinth. Durch ihr Leben im »Untergrund« und im Dunkeln haben die Mäuse eine besonders ausgeprägte Fähigkeit, sich zurechtzufinden. Sie lernen sehr schnell durch Versuch und Irrtum, den richtigen Weg herauszufinden. Schon nach dem ersten gelungenen Durchgang wissen sie den Weg, auch nach mehreren Tagen können sie sich noch daran erinnern. Mäuse und Ratten waren bei solchen Labyrinthversuchen anderen Tieren haushoch überlegen. Es ist interessant, solche Versuche selbst durchzuführen, und der Maus macht es Spaß. Ein Labyrinth können wir aus den verschiedensten Materialien bauen: Holz, Bauklötze, Steine, Ziegel, Pappe usw. Am Ziel legen wir einen Leckerbissen zur Belohnung bereit.

Seite 35 oben und unten: weiße Mäuse mit roten Augen

Seite 36 oben: Körner sind ein beliebtes Mäusefutter!
Unten: So transportiert man gefahrlos eine zahme Maus

Auch wenn einzeln gehaltene Mäuse besonders zahm werden: Wenn genügend Platz vorhanden ist, sollte man seiner Maus immer ein oder zwei »Spielgefährten« geben.

Kann man eine Maus allein halten?

Es wurde schon erwähnt, daß es nicht günstig ist, eine Maus allein zu halten. Mäuse sind soziale Tiere und brauchen, wenn nicht eine ganze Familiengruppe, so doch wenigstens einen Partner.
Es mag aber doch vorkommen, daß Tiere einzeln gehalten werden, deshalb hier einige grundlegende Hinweise: Das Wichtigste ist, daß sich der Pfleger jeden Tag mehrere Stunden mit seiner Maus beschäftigt. Unbedingt notwendig ist der Körperkontakt. Streicheln und kraulen Sie das Tier so oft wie möglich. Nehmen Sie es immer wieder in die Hand. Der Maus macht es auch Spaß, auf Ihnen herumzuklettern, dabei wird sie sicher und zutraulich, eine wichtige Voraussetzung dafür, daß das Tier sich wohlfühlt. Bald wird es einen Lieblingsplatz in einer Tasche Ihrer Kleidung finden. Sie sollten dem Einzeltier diesen Aufenthalt so oft und so lange wie möglich gestatten. Es wird sich lieber bei Ihnen aufhalten, als allein im Käfig zu

Seite 37 oben: Zwei Mäuse in ihrem Schlafnest
Unten: Eine Farbmaus und eine weiße Maus benutzen ihren Futternapf als Aussichtsturm

Seite 38: Ohne Scheu hält das kleine Mädchen seine Maus auf der Hand!

sitzen. Aber Achtung: Lassen Sie die Kleidung mit der Maus in der Tasche nicht unbeaufsichtigt liegen, denn sobald sich Ihr Zögling allein fühlt, macht er sich auf die Suche nach Ihnen. Kontrollieren Sie Ihre Bewegungen, denn das zarte Tierchen überlebt eine Quetschung meistens nicht.

Eine alleingehaltene Maus bereitet zwar viel Freude, weil sie besonders zahm und anhänglich ist, machen Sie sich aber klar, daß Sie ihr den Artgenossen nur ungenügend ersetzen, denn Sie riechen weder wie eine Maus, noch beherrschen Sie deren Verhaltensrepertoire. Die Maus muß also ein nicht mausgerechtes, unnatürliches Leben führen. Außerdem ist sie total von Ihnen abhängig. Das bedeutet für Sie eine große Verantwortung. Sie dürfen das Tier nicht allein lassen, und das mehrere Jahre lang.

Wie fängt man eine entwichene Maus?

Wenn es nun doch einmal passiert und eines der sorgsam gehüteten Mäuschen entwischt, ist meist guter Rat teuer.

Lange Zeit in Käfigen gehaltene, zahme Mäuse behalten ihr ruhiges Wesen auch noch, nachdem sie ausgebrochen sind. Es stimmt aber nicht, daß der »Heimtier-Maus« die Wildheit der freilebenden Mäuse abgezüchtet wurde. Denn nach einiger Zeit werden sie fast ebenso flink und gewandt wie Wildmäuse. Also ist es wichtig, den Ausreißer baldmöglichst wieder einzufangen. Nun bewährt es sich, wenn wir unsere Maus schon gezähmt und an uns gewöhnt haben. Dennoch ist das keine Gewähr für den Einfangerfolg, denn jedes Tier verhält sich in einer solchen Situation anders. Das eine kommt vielleicht von selbst auf die Hand, ein anderes wird uns immer wieder entwischen. Eine wilde Verfolgungsjagd zu veranstalten hilft nichts. Je hastiger wir uns bewegen, um so mehr bekommt der Ausreißer Angst und flitzt davon. Bewahren Sie Ruhe. Am wichtigsten ist es, erst einmal zu wissen, wo der Entwichene steckt. Besonders kritisch wird es, wenn mehrere Zimmer zur Auswahl stehen. Ich stelle dort, wo ich die Maus am ehesten vermute, einen Futternapf auf und warte. Keineswegs dürfen Sie den Napf unbeobachtet lassen. Die Maus trägt dann flink alle Vorräte in ihr Versteck und kommt nun gar nicht mehr hervor. Habe ich die Maus mit dem Futter angelockt, nähere ich mich ihr langsam und vorsichtig, wobei ich sie eventuell auch mit einem bestimm-

ten Namen, an den sie gewöhnt ist, anrede. Wenn sie nicht auf die Hand kommt, sondern weiter Verstecken spielt, nehme ich einen Karton, in den ich ein kleines Einschlupfloch schneide, und lege eine verführerische Futterspur vom Versteck der Maus bis zum Karton. Achtung: Die Spur nicht zu reichhaltig mit zu großen Futterbrocken ausgestalten! Sonst frißt sich die Maus satt, und unsere Geduld wird auf eine arge Probe gestellt. Wenn die Maus in den Karton geschlüpft ist, schnell mit der Hand das Loch verschließen und den Ausreißer zurück in den Käfig bringen.

Auf keinen Fall darf man es Mäusen gestatten, längere Zeit frei und unbeobachtet in der Wohnung herumzulaufen. Sie sind und bleiben Nagetiere und können vielfältigen Schaden anrichten und auch zur Gefahr werden, wenn sie Elektrokabel – ihre Spezialität – annagen und einen Kurzschluß mit anschließendem Brand verursachen.

Runde Öffnungen haben auf Mäuse eine ungeahnte Anziehungskraft. Schlüpft der Ausreißer erst einmal in eine Papprolle, einen Becher oder in die halbgeöffnete Hand, kann man ihn sicher in den Käfig zurücktransportieren.

Das neue Zuhause

Der richtige Standort

Wer Tiere halten will, braucht entsprechenden Platz; bei den heutigen beengten Wohnverhältnissen häufig ein Problem. Leidtragende sind dann die Tiere, die in einer zu engen Behausung ausharren müssen. Man achte darauf, daß der Käfig nicht zu klein ist. Zwei Mäuse brauchen mindestens einen 60 cm langen, 30 cm breiten und 25 cm hohen Käfig. Man kann den Käfig nicht einfach auf die Fensterbank stellen, denn Mäuse vertragen keine Zugluft und keine direkte Sonnenbestrahlung. Normales, eher etwas gedämpftes Licht ist für sie am besten. Auch der Platz an der Heizung ist falsch, denn Mäuse fühlen sich bei normaler Zimmertemperatur am wohlsten. Weder soll der Käfig auf dem Fußboden noch auf dem Schrank stehen. Der richtige Platz ist auf einem kleinen Tischchen oder einem Schränkchen in Augenhöhe. So können wir die Tiere am besten beobachten und uns mit ihnen beschäftigen.
Im »Mäuse-Zimmer« sollte nicht geraucht werden, und es sollte auch nicht zuviel Unruhe und Lärm herrschen.

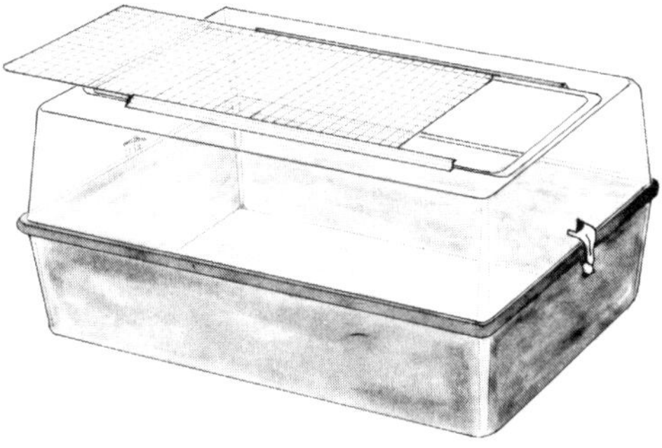
Handelsüblicher Mäusekäfig. Damit sich im Käfiginnern die Luft nicht staut, sollte er nicht höher als 30 cm sein.

Der Drahtkäfig

Im Zoofachhandel werden für Mäuse meist Drahtkäfige angeboten. Sie haben eine Bodenschale aus Kunststoff und einen aufklappbaren Aufsatz aus Gitterstäben. Achen Sie darauf, daß der Käfig für 1–2 Mäuse mindestens 60 cm lang, 30 cm breit, und 25 cm hoch ist und daß die Gitterstäbe nicht weiter als 7 mm auseinanderstehen, da die Mäuse sonst entwischen.
Drahtkäfige haben den Vorteil, daß sie leicht und gründlich zu reinigen sind. Außerdem sind sie gut durchlüftet. In Käfigen mit festen Seitenwänden ist die Luftzirkulation schlecht. Die ver-

brauchte, kohlendioxidangereicherte Luft lagert sich am Boden ab, weil sie schwerer ist als die sauerstoffreiche Luft. Ein Nachteil des offenen Drahtkäfigs ist, daß man die Käfigumgebung häufig säubern muß, weil Teile der Einstreu herausfallen. Außerdem kann man die Tiere durch das enge Gitter nicht so gut beobachten, und so ein Gitterwerk im Zimmer ist auch nicht jedermanns Geschmack. Für eine mäusegerechte Unterkunft gibt es jedoch noch weitere Möglichkeiten. Übrigens kann auch die Unterschale eines Meerschweinchenheims als Abenteuerspielplatz für Mäuse eingerichtet werden.

Eingerichteter Mäusekäfig mit Schlafhäuschen, Trinkautomat, Spielzeug und Versteckmöglichkeiten.

Das Mäuseterrarium

Als Unterkunft für unsere Mäuse können auch ausgediente Aquarien oder Terrarien benutzt werden. Sie sollten aber nicht höher als 30 cm sein, sonst kann die Luft nicht mehr ausreichend zirkulieren. Die Tiere leiden dann unter Sauerstoffmangel, weil sich das schwerere Kohlendioxid unten ablagert. Außerdem reichert sich Kondenswasser an, ein idealer Nährboden für Bakterien.

Ein flacher, durchsichtiger Behälter aus Glas (ohne Wulstklebung) mit großer Bodenfläche (ca. 100 cm × 50 cm) und niedrigen Seitenwänden (mindestens 25 cm) eignet sich am besten. Zwecks besserer Durchlüftung können an den Seitenwänden Gitter angebracht sein. Achtung: Diese Seitengitter dürfen nicht zu tief herabreichen, damit die Einstreu nicht hinausfällt. Der Käfig sollte oben mit einem Rahmen aus Maschendraht abgedeckt sein. Wurzeln und Zweige dienen zum Klettern und Benagen.

Ein ausgedientes Aquarium wird zum Mäuseterrarium! Äste, Steine, Rindenstücke, etwas Gras und eine Schicht Sand bilden die Einrichtung.

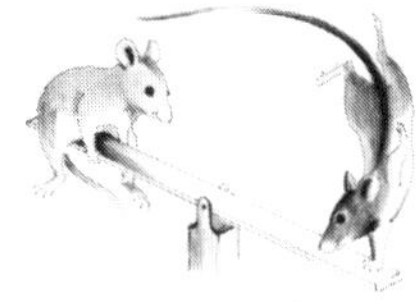

Der Mäusetisch

Für Bastler ein besonderer Tip: der Mäusetisch mit mehreren Stockwerken. Erwachsene Mäuse wagen keinen Sprung aus großer Höhe, deshalb braucht man keine Gitter oder andere Abgrenzungen. Darum ist der Mäusetisch die schönste Unterbringungsform. Dem direkten Kontakt zu Ihren Tieren steht nichts im Wege, und sie widmen Ihnen auch viel mehr Aufmerksamkeit, weil es immer etwas zu sehen gibt. Für die Mäuse ist es ein abwechslungsreiches, interessantes Leben. Sie können laufen, klettern, turnen und werden sehr zahm, spielfreudig und können alle ihre Fähigkeiten entfalten.

Den Mäusetisch gibt es nicht zu kaufen. Sie müssen ihn selbst herstellen. Ihrer Phantasie sind dabei kaum Grenzen gesetzt: Man kann auf dem Tisch eine richtige Burg bauen mit Türmen, Zinnen und verwinkelten Gängen oder eine Mäusewohnung wie ein Puppenhaus mit mehreren Stockwer-

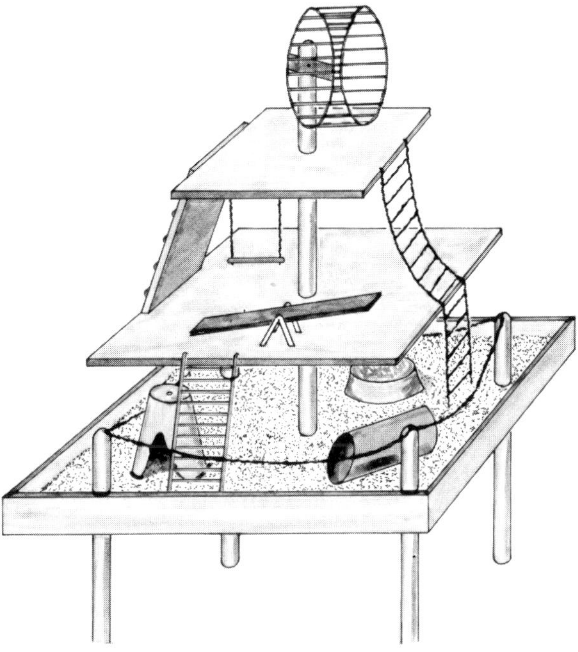

Selbstgebastelter Mäuseturm. Hier sind der Neugier und dem Bewegungsdrang der Tiere keine Grenzen gesetzt. Wenn man beachtet, daß die Tischbeine genügend eingerückt sind, kann auch keine Maus entwischen.

ken und Zimmern durch schräge Zugänge und Leitern verbunden oder eine mehrstöckige Anlage wie einen Freizeit-Vergnügungspark gestalten mit Laufrädern, Wippen, Kletterstangen und Seilen. Einige Grundregeln müssen beim Bau jedoch beachtet werden: Wir können jeden Tisch verwenden oder eine Holzplatte, die sich etwa 70 cm über dem Erdboden befindet. Wie schon beschrieben, springen Mäuse bei einer solchen Entfernung nicht in die Tiefe. Ihre Tiere laufen also frei auf der Platte herum und sind dennoch ausbruchsicher untergebracht. Rundherum um die Platte befestigen wir einen etwa 5 cm hohen Rand, damit Futterreste, Nestbaumaterial, Schmutz, aber auch Futternäpfe und das Spielzeug nicht herunterfallen. Auf dieser Grundplatte können wir nun unsere Phantasie frei entfalten. Man kann Türme, Aufbauten, Stockwerke, Tunnel, Brücken usw. aufstellen. Die Etagen sind durch Leitern, Rutschen, schiefe Ebenen, Treppen und Durchgänge miteinander verbunden. Achten Sie besonders darauf, daß keine Bereiche entstehen, aus denen die Mäuse nicht mehr herausgelangen. Auch muß der Bau einsturzsicher sein! Der Mäusetisch ist der idealste Unterbringungsort. Ein Nachteil entsteht nur, wenn er nachlässig gebaut ist und zusammenfällt.

Hausrat für Mäuse

Den Käfigboden bedeckt man mit einer ca. 5–10 cm hohen Schicht aus Sägespänen. Es ist zu empfehlen, diese im Zoofachhandel zu kaufen, da sie sonst verunreinigt sein können.
In die Urinecken kann man natürliche Katzenstreu streuen, um den typischen Mäusegeruch etwas einzudämmen. Das regelmäßige Saubermachen darf aber trotzdem nicht vernachlässigt werden! Einmal wöchentlich muß bei einem normal großen Käfig die Einstreu gewechselt und der Käfig mit Käfigrein oder einem anderen Desinfektionsmittel (im Zoofachgeschäft erhältlich) ausgewaschen werden. Ver-

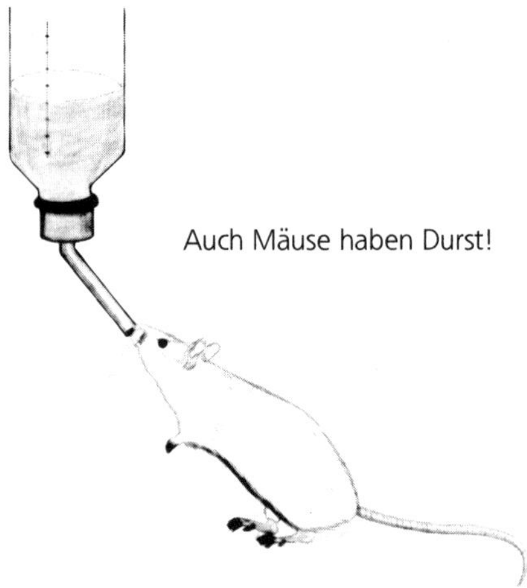
Auch Mäuse haben Durst!

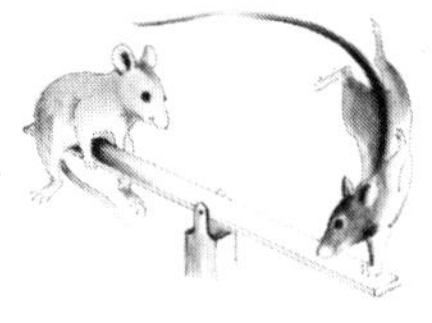

wenden Sie nicht irgendein Haushaltsmittel, es könnte schädliche Stoffe enthalten.
Die Futternäpfe müssen täglich gereinigt werden. Sie sollten aus einem schweren Material, möglichst aus Glas, Keramik oder Ton sein, damit die Tiere sie nicht umwerfen oder zernagen können.
Das Trinkwasser füllt man in eine aufhängbare Tränkflasche. Der Handel bietet hier zahlreiche Modelle an. Die besten Erfahrungen habe ich mit einer Flasche gemacht, an deren unterem Ende sich eine napfförmige Metallkappe befindet. Bei jeder Nachfüllung muß die Flasche gereinigt werden, bei warmem Wetter täglich. Einmal pro Woche wird sie mit Desinfektionsmittel ausgewaschen und gut nachgespült. Auch die Futternäpfe wäscht man jeden Tag aus.
Zur Innenausstattung des »Mäusewohnheims« gehört natürlich auch ein Schlafhäuschen, das in einer Käfigecke oder leicht erhöht auf einer Plattform Platz findet. Als Nestmaterial zum Auspolstern benutzen unsere Mäuse gerne Nistmaterialien aus dem Zoofachhandel, unbedrucktes (!) Papier, Stroh, Heu, Gräser und Holzspäne. Das Häuschen selbst kann man im Zoofachhandel kaufen oder selbst bauen. Holz ist dabei ein ungeeigneter Baustoff. Da die Mäuse im Käfig Urinmarkierungen setzen, saugt sich das Holz mit der Flüssigkeit voll und verbreitet bald einen unangenehmen Ge-

Verschieden große, standfeste Futternäpfe und eine Raufe für Grünfutter gehören in jeden Mäusekäfig. Für die Versorgung mit Trinkwasser benutzt man am besten einen der käuflichen Trinkautomaten.

ruch. Am besten wählt man deshalb ein Häuschen aus Kunststoff ohne Boden, oder man verwendet Korkeichenröhren aus dem Zoofachhandel.

Für den Spieltrieb unserer Mäuse bietet der Fachhandel vielerlei Zubehör an: Treppen, Leitern, Schaukeln, Wippen und Laufräder. Laufräder gibt es zum Stellen und zum Anschrauben an die Käfigwand. Im Mäuseterrarium kann ein Laufrad auch an die Scheibe geklebt werden. Am besten wählt man ein Laufrad aus Metall, da Kunststoffräder zernagt werden.

Achten Sie darauf, daß alle Spielgeräte und Trimmgeräte die Mäuse nicht verletzen können und leicht zu reinigen sind. Damit sich das Nagebedürfnis unserer Pfleglinge nicht an den Kunststoffteilen austobt, besorgen wir für sie leere Papprollen, Holzstückchen und kleine Äste. Besonders die leeren Papprollen, die zum Verschicken von Plakaten oder ähnlichem dienen, sind sehr beliebt zum Hineinkriechen, Hindurchrutschen (schräg stellen!) oder Zernagen.

Wählen Sie das Zubehör mit Bedacht aus. Kaufen Sie nicht irgend etwas, denn Trinkwasser und sauberes Futter sind für die Gesundheit Ihrer Tiere lebensnotwendig. Auch alle Dekorationsstücke wie Wurzeln, Rindenstükke, Schlafhäuschen, Laufräder, Spielzeug müssen regelmäßig gewaschen und desinfiziert werden.

Besonders wichtig sind ein Nage- und Mineralleckstein.

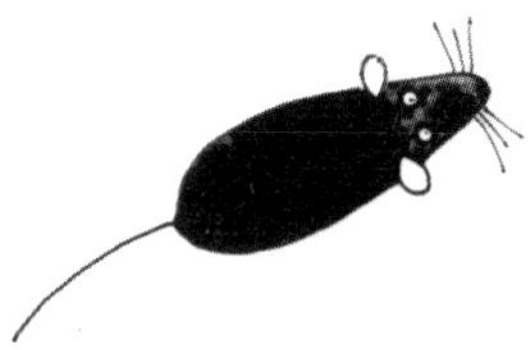

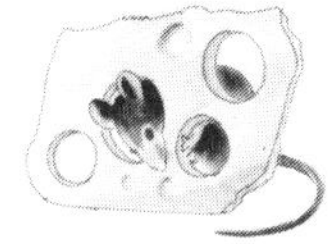

Richtig füttern

Die Futtermittelindustrie hat sich auch der Heimtierhaltung angenommen. Es gibt sogenanntes Alleinfutter für Mäuse in Pelletform, in dem alle notwendigen Nährstoffe in richtiger Mischung enthalten sind. Aber – wie eintönig! Auch Tiere fressen nicht nur, um ihren Nahrungsbedarf zu decken, sondern bevorzugen ein abwechslungsreiches Futterangebot. Für Großzuchten ist das Alleinfutter bestens geeignet, da wegen der vielen Tiere der Arbeitsaufwand zu hoch wäre, die Mischung im ausgewogenen Nährstoffverhältnis selbst herzustellen. Für unsere Heimtiere jedoch können wir diese verhältnismäßig geringe Mühe auf uns nehmen. Ansonsten bietet der Handel verschiedene Fertigfutter an, bei dem nur noch Grünfutter zugefüttert werden muß, aber es ist auch entsprechend teuer – gerade für Kinder mit ihrem schmalen Taschengeld ein entscheidendes Argument. Außerdem macht es Spaß, das Futter selbst herzustellen, und es ist nicht schwer. Die richtige Nahrung für Mäuse sind Körner und Sämereien. Mischen Sie für das tägliche Grundfutter folgende Zutaten im angegebenen Verhältnis zusammen: 10% Getreidekörner, 10% Haferflocken, 10% Grassamen, 10% Buchweizen, wenig Hanf, wenig Leinsaat, 10% naturbelassenen Reis, 10% Hirse, sehr wenig Sonnenblumenkerne. Alles ist im Zoo fachhandel erhältlich. Die Zusammensetzung kann auch variieren, gerade wenn Sie einmal nicht alle Futtersorten vorrätig haben. Vergessen Sie nicht das Grünfutter: Salat, Löwenzahn, Möhren, Äpfel, Birnen und anderes Obst, Gurken und gekochte Kartoffeln können angeboten werden. Von allem wird nur wenig gefüttert. Das Nichtverzehrte muß am nächsten Tag entfernt werden.

Wenn vorrätig, kann man als Leckerbissen auch ab und zu einen Mehlwurm geben. Weibchen mit Jungen haben einen hohen Eiweißbedarf. Deshalb fressen sie in dieser Zeit besonders gern: Raupen, Maden, Käfer, Spinnen, gekochtes Hühnerfleisch, Rinderherz oder anderes sehr mageres Fleisch. Vorsicht! Wirklich nur kleinste Häppchen und niemals gewürzt!

Zur Abnutzung der Nagezähne, die ständig nachwachsen, brauchen die Mäuse immer Knabberstangen oder Nagesteine, je härter und trockener, um so besser. Gern knabbern sie auch an kleinen Ästen und Zweigen von Birke, Haselstrauch und anderen Gehölzen. Vergewissern Sie sich, ob diese nicht giftig sind (z. B. Eibe, Goldregen) oder gespritzt. Mäuse reagieren auf Giftstoffe viel empfindlicher als der Mensch. Auch das Grünfutter und Obst darf nicht mit Spritzmitteln behandelt sein. Grundsätzlich vorher abwaschen und abtrocknen bzw. abtropfen lassen, niemals naß geben. Achten Sie auch darauf, daß die Tiere nicht zuviel öl- und fetthaltige Sämereien wie Sonnenblumenkerne, Lein und Nüsse bekommen.

Täglich zu einer bestimmten Zeit sollen die Tiere gefüttert werden. Man rechnet pro Maus etwa einen reichlichen Teelöffel gemischtes Grundfutter und ein Stückchen Grünfutter. Je nach Verbrauch – auch bei Tieren gibt es unterschiedliche Futterverwerter – muß die Menge variiert werden. Mäuse haben aber die Angewohnheit, Nahrung in einem Versteck zu stapeln. Vergewissern Sie sich deshalb vor dem Nachfüllen, ob es noch Futterreste im Käfig gibt.

Mäuse trinken viel, um die trockene Körnernahrung verdauen zu können, deshalb muß die Wasserflasche immer gefüllt sein. Stark gechlortes Leitungswasser ist allerdings schädlich. Erkundigen Sie sich beim Wasserwerk, welche Zusätze im Wasser enthalten sind. Bei schlechter Wasserqualität kann Mineralwasser verwendet werden, es darf jedoch keine Kohlensäure und nicht zuviel Natrium enthalten.

Mäuse fressen am liebsten Körner und Sämereien. Zu einer ausgewogenen Ernährung gehört aber auch noch Grünfutter. Hartes Brot fördert die Abnutzung der ständig nachwachsenden Nagezähne!

Unsere Maus ist krank

Mäuse sind sehr anfällig gegenüber Infektionskrankheiten, denn ihr Abwehrsystem (Immunsystem) ist wenig leistungsfähig. Die Krankheitserreger werden nicht rechtzeitig erkannt und bekämpft, da Mäuse nur sehr unspezifisch wirkende Abwehrkräfte (Antikörper) besitzen. Deshalb kann es in Großzuchtanlagen vorkommen, daß, wenn eine Maus erkrankt, der ganze Tierbestand dahingerafft wird. Wenn wir nur wenige Heimtiere halten, können wir durch äußerste Sauberkeit, gesunde, vielseitige Ernährung, richtige Unterbringungsart, Beschäftigung und Bewegung Krankheiten weitgehend vermeiden.

Infektionen

Die Infizierung erfolgt durch verschiedene Erreger: Bakterien, Pilze, Viren, Amöben u. a.
Krankheitsbild: Durchfall, gesträubtes Fell, Apathie, tränende Augen, erschwertes Atmen.
Behandlung: Erkranktes Tier isolieren. Bestrahlung mit Rotlicht (Temperatur darf 30 °C nicht überschreiten). Antibiotika, vom Tierarzt verabreicht, können helfen, meist aber kommt jede Hilfe zu spät, da die Erkrankung sehr schnell verläuft.
Vorbeugung: Äußerste Sauberkeit im Mäuseheim; Futterreste stets entfernen, Zugluft vermeiden, sauberes Trinkwasser und Futter, häufige Desinfektion (mit Mitteln aus umweltfreundlichen Pumpflaschen) des Käfigs und allen Zubehörs, keine Garnelen oder garnelenhaltiges Futter verwenden (Salmonellen!).

Mangelerkrankungen

Bei ausgewogener, abwechslungsreicher Fütterung treten sie gar nicht erst auf. Verwendet man allerdings alte, nicht mehr keimfähige Sämereien und Körner, entsteht Vitaminmangel, zumal wenn das Grünfutter fehlt. Bei Eiweißmangel, aber auch bei Eiweißüberangebot wird das Tier krank, ebenso bei Fettüberangebot.
Mangelerkrankungen entstehen vor allem dann, wenn Mäuse übermäßig hohe Zuchtleistungen erbringen müssen, ohne entsprechendes hochwerti-

ges Futter zu bekommen (eiweißreiches, mit Mineralstoffen und Vitaminen besonders angereichertes Futtergemisch).
Krankheitsbild: Entwickelt sich ganz allmählich. Symptome nicht immer eindeutig. Sterilität, Haarausfall, Jungtierfressen, Krämpfe, Lähmungen, Durchfall.
Behandlung: »Nager-Vitamine« ins Trinkwasser geben, es enthält Vitamine und Mineralstoffe. Auf richtige Ernährung achten. Achtung: Ein Zuviel an Nährstoffen, Vitaminen und Spurenelementen ist ebenfalls gefährlich, vor allem wenn die Diagnose falsch war oder gar keine gestellt wurde. Schwere Mangelerkrankungen sind meist nicht reparabel.
Vorbeugung: Richtige Ernährung.

Wurmbefall

Krankheitsbild: Die Tiere sind trotz guter Futterversorgung sehr mager, apathisch, haben ein struppiges Fell, manchmal Durchfall. Ob sie von Band- oder Spulwürmern befallen sind, kann mit Sicherheit nur der Tierarzt feststellen, der den Kot mikroskopisch untersucht.
Behandlung: Vom Tierarzt Wurmmittel verschreiben lassen und nach Verordnung anwenden.
Vorbeugung: Grünfutter und Obst gründlich waschen. Meist aber sind die Tiere schon vor dem Kauf infiziert worden, deshalb beim Kauf Zeit nehmen und nur gesunde Tiere auswählen.

Fellparasiten

Bei konsequenter Sauberkeit besteht keine Gefahr, daß Milben (Mäuse werden von 22 verschiedenen Milbenarten befallen), Haarlinge, Flöhe und Läuse unsere Heimtiere befallen.
Krankheitsbild: Haarausfall, häufiges Kratzen, dadurch hervorgerufene Entzündungen und Ekzeme.
Behandlung: Verwenden Sie ein gutes Spezialprodukt aus dem Zoofachhandel, genau nach Gebrauchsanweisung (bitte öfter wiederholen). Bei schwerem Befall Tierarzt aufsuchen.
Vorbeugung: Bei hygienischer Haltung besteht keine Gefahr eines Parasitenbefalls. Meist sind die Mäuse vor dem Kauf infiziert worden durch den Kontakt zu Wildnagern, Katzen und Hunden.

Krankheiten

Erbkrankheiten

Dies sind durch spontan auftretende Erbänderungen (Mutationen) oder durch Inzucht, radioaktive Bestrahlung und Chemikalien hervorgerufene Fehler im Erbmaterial (Gene).
Krankheitsbild: Tanzmäuse, Nacktmäuse, Schwanzanomalien, Zahndeformationen, Zwergwuchs, Fettsucht, Kurzohrigkeit, aber auch oftmals gar nicht als Erbkrankheiten erkennbar wie Lähmungen, Krämpfe, Atemnot.
Behandlung: Keine möglich.
Vorbeugung: Genaues Ansehen und Beobachten der Tiere vor dem Kauf. Vermeiden von Inzucht. Paaren Sie nur miteinander nicht verwandte Tiere, dann ist die Gefahr für Erbkrankheiten gering. Tragen Sie nicht zur Vermehrung erbgeschädigter Tiere bei, denen ein qualvolles Leben beschieden ist.

Mäusezucht

Es ist sicher sehr verführerisch, eine Mäusezucht zu beginnen, weil das Fortpflanzungsverhalten zu den interessantesten Kapiteln der Tierhaltung gehört. Aber bald werden Sie nicht mehr wissen, wohin mit der Mäuseschar, denn ein Paar sorgt unaufhörlich für Nachwuchs, und auch vier Wochen alte Jungweibchen können schon trächtig werden. Für den Fortbestand einer Mäusepopulation ist diese enorme Fruchtbarkeit wichtig, denn die kleinen Nager werden im Freiland von zahlreichen Feinden verfolgt. Aber der verantwortungsvolle Mäusehalter sollte aus eigenem Interesse und zum Wohl der Tiere eine planlose Vermehrung vermeiden. Für eine kleine Zucht beginnt man am besten mit zwei Jungmäusen, weil sie sich leichter aneinander gewöhnen als schon erwachsene. Will man nur einmal Nachwuchs, müssen die Partner noch vor dem Werfen getrennt werden, denn Mäuse paaren sich sofort nach der Geburt der Jungen wieder.

Soll allerdings sehr viel Nachwuchs erzielt werden, ist es rentabler, mehrere Weibchen von nur einem Männchen befruchten zu lassen. Günstig ist es, ein Männchen mit etwa fünf Weibchen zusammen zu halten. Aber man kann auch mehrere Männchen (2–3) und viele Weibchen (etwa 15) zusammen halten, aber dazu sind sehr große Käfige notwendig. In solchen Großzuchten fehlt natürlich die Kontrolle, welche Jungen von welchen Eltern stammen, denn sie werden in Gemeinschaftsnestern aufgezogen. Man kann aber auch die trächtigen Weibchen herausfangen und sie in separaten Wurfkäfigen ihre Jungen großziehen lassen. Zu einer solchen aneinander gewöhnten Mäusesippe kann man keine neuen Tiere hinzusetzen, sonst kommt es zu heftigem Streit und sogar zum Tod.

Tragzeit: 22–23 Tage
Geburt: meist nachts
Anzahl der Jungen: 1–15 (und mehr)
Geburtsgewicht: ca. 1 g
Fellentwicklung: 3.–10. Tag
Öffnen der Augen: 12.–14. Tag
Selbständigwerden der Jungen: 28.–46. Tag
Erreichbares Alter: 2–3 Jahre, (max. 5)

Seite 55 oben links: silberfarbene Farbmaus.
Oben rechts: schwarze Farbmaus.
Unten: Mäusemutter mit Jungtieren.

Wie vererben sich Fellfarben?

Sehr spannend sind Vererbungsversuche. Aber gleich die Warnung: Für Farbzuchten brauchen Sie viele Käfige und am besten auch einen separaten Raum, denn mehrere Paare mit ihrer Jungenschar verbreiten einen Geruch, der das Zimmer für den Menschen unbewohnbar macht. Die Vererbungsregeln kann man nur über mehrere Generationen hinweg erkennen, deshalb sind Mäuse mit ihrer schnellen Generationsfolge besonders gut für solche Versuche geeignet. Man muß jedoch Inzuchten durchführen, also Geschwister untereinander und Eltern mit ihren Kindern verpaaren. Um den Überblick zu behalten, führt man genau Buch. Die Daten eines jeden Tieres werden in einer Kartei vermerkt, z. B. wann geboren, Geschlecht, mit wem und wann verpaart, wann und wieviele Junge geworfen, Farbe der Jungen, wieviele wurden aufgezogen usw. An den Käfigen befestigt man kleine Kärtchen mit den Namen der Insassen und deren wichtigsten Daten.

Seite 56 oben links: Wanderratte.
Oben rechts: weiße Ratte mit roten Augen.
Unten: Hausratte.

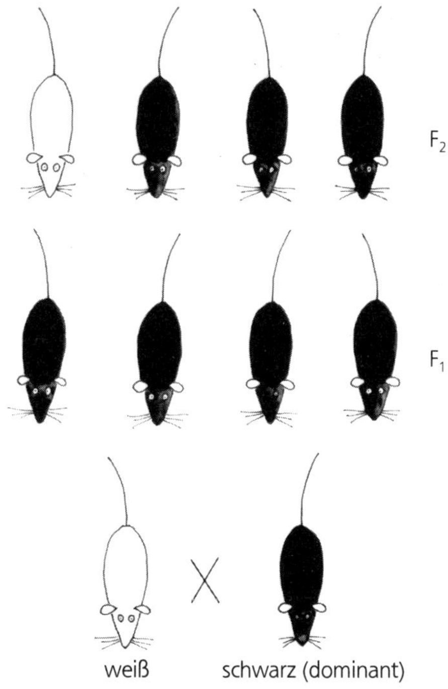

1. Versuch: Wir paaren eine schwarze und eine weiße (Albino) Maus. Angenommen, beide sind reinerbig, d. h., sie können also nur die schwarze oder die weiße Fellfarbe weitervererben, dann sind ihre Kinder (F_1-Generation) alle schwarz, denn Schwarz dominiert über Weiß. Verpaart man die Jungen der F_1-Generation untereinander, dann erhalten wir in der nächsten, der F_2-Generation, wieder schwarze und weiße Mäuse, und zwar in einem ganz bestimmten Verhältnis, nämlich 3 schwarze und 1 weiße. Dieses Verhältnis ergibt sich aber erst bei der Verpaarung vieler Tiere der F_1-Generation.

Mäusezucht

Spannend sind Farbzuchtversuche vor allem deswegen, weil man nie weiß, welche Farben in einer Maus »stekken«. So kann eine schwarze Maus Anlagen für Weiß, Braun, Grau oder Gelb besitzen und eine weiße Maus die für Grau, Silber oder Braun. Welche Anlagen wirklich in der Maus »stecken«, kann man bei ihren Kindern noch nicht eindeutig erkennen, sondern erst bei der Enkelgeneration feststellen. Dabei wird es immer wieder zu Überraschungen und Zufallsergebnissen kommen, denn durch Neukombinationen der Erbanlagen entstehen neue Farben. Die Mendelschen Gesetze sind die Grundlage für das Verständnis der Vererbung. Allerdings wird bei diesen Gesetzen der ideale Modellfall angenommen, daß immer nur ein Genpaar für eine Eigenschaft verantwortlich ist, während es bei der Farbvererbung der Mäuse mehr als fünf Genpaare sind. Es ist hier nicht der Platz, auf die Vielfalt und Komplexität der Vererbung einzugehen, deshalb nur die kurze Darstellung klassischer Zuchtversuche (weiterführende Literatur siehe S. 70).

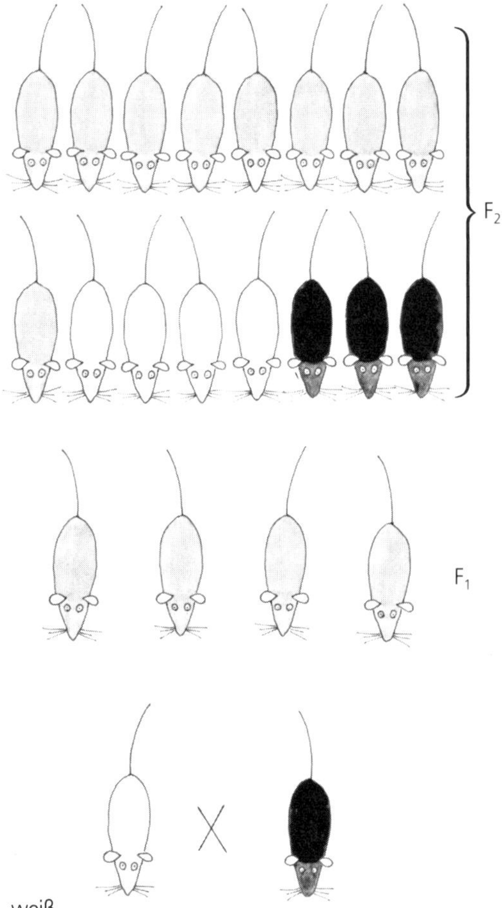

2. Versuch: Ganz anders sieht das Ergebnis aus, wenn die Eltern nicht reinerbig für eine Farbe sind, sondern die weiße Maus zum Beispiel auch Erbanlagen für Grau besitzt. Dann sind in der F_1-Generation alle Mäuse grau. In der F_2-Generation erhalten wir dann schwarze, weiße und graue Tiere, und zwar im Verhältnis 3:4:9. Je mehr Farben in unseren Mäusen stecken, um so interessanter wird das Ergebnis.

Mäuseverhalten

Wir bekommen die huschenden Nager in der Natur nur selten zu Gesicht. Ihr Lebensraum sind Vorratslager, Getreidesilos, Scheunen, Keller und andere Gebäude. Hinter Verschalungen und ähnlichen Verstecken bauen sie sich Nester aus zerschlissenem Papier, Lumpen, Vogelfedern, Moos und Gras. Um vor ihren vielen Feinden sicherer zu sein, kommen sie erst zur Dämmerungs- und Nachtzeit aus ihren Löchern und sind blitzschnell verschwunden, wenn es eine Störung gibt. Man muß viel Geduld haben, wenn man etwas über sie erfahren will. Verhaltensforscher haben Mäuse in großen Käfigen oder Freianlagen beobachtet, so daß wir einiges über ihr Verhalten wissen. Nie läuft die Maus direkt und ohne Halt über eine freie, ungedeckte Fläche, sondern sie verharrt unterwegs und sichert vorsichtig. Hausmäuse sind sehr gute Kletterer, die geschickt noch an den dünnsten Zweigen balancieren können. Auch ihr Sprungvermögen ist gut entwickelt, sowohl in die Weite als auch in die Höhe. Sogar schwimmen können sie. Aber sie gehen nicht freiwillig ins Wasser, nur wenn sie auf der Flucht vor Feinden dazu gezwungen werden.

Mäuse unter sich

Die Hausmaus ist ein sehr soziales Tier. Sie lebt in Familienverbänden zusammen, und alle Tiere dieser Verbände sind miteinander verwandt.

> Mäuse, die einem anderen Familienverband angehören, werden vertrieben und, wenn sie nicht entkommen können, auch getötet. Deshalb darf man zu seinen Tieren keine fremde Maus in den Käfig setzen.

Die Mitglieder der Familie erkennen sich am Geruch. Die Mäuse besitzen sowohl einen Familiengeruch als auch einen persönlichen Duft, durch den die Tiere sich individuell erkennen. Auch das Territorium wird mit Duftmarken aus Urin markiert. Die Wege zu häufig aufgesuchten Orten wie Futterstellen, Nest und Verstecken markieren sie ebenfalls, man nennt sie Duftstraßen. Ohne sich jedesmal wieder neu orientieren zu müssen, können sie auf dieser Duftspur mit höchster Geschwindigkeit entlangrennen. Deshalb verbleibt eine Großsippe möglichst in einem einmal gut bekannten Gebiet.
Das Zusammenleben der männlichen Tiere ist durch eine Rangordnung geregelt. So kommt es selten zu aggres-

siven Streitigkeiten, weil jedes Tier weiß, wem es sich unterordnen muß und wem es überlegen ist. In der Regel gibt es ein Alpha-Männchen, das über die anderen Mäuse dominiert. Es muß nicht dauernd seine Stärke beweisen, sondern wird, nachdem es bei den Rangordnungskämpfen gewonnen hat, von den anderen Männchen eine Zeitlang akzeptiert. Erst wenn starke junge Männchen neu herangewachsen sind, kommt es wieder zu Entscheidungskämpfen. So ein Kampf beginnt mit heftigem Schwanzklopfen. Wie eine harte Peitsche schwingt er hin und her und schlägt auf den Boden. Mit den Hinterbeinen springen die Tiere im schnellen Rhythmus empor, so daß ein Trommelton entsteht. Weitere Drohgesten sind steif aufgestellte Hinterbeine, hochgerichtete Schnauze, gesträubtes Fell. Bleibt der Gegner von dieser Demonstration der Stärke unbeeindruckt, richten sich die Kämpfer auf den Hinterbeinen auf, schlagen und trommeln mit den Vorderpfoten aufeinander ein und versuchen, den Rivalen anzuspringen und zu beißen. Diese Attacken sind meist blitzschnelle Aktionen. Dazwischen lassen sie voneinander ab und beginnen wieder von vorn mit dem Drohritual. Verletzungen bei den Beißereien sind selten tödlich, da die Demutsbezeugungen des unterlegenen Tieres vom Sieger sofort akzeptiert werden: Das Tier, das den Kampf beenden will, stößt einen hellen Piepslaut aus, hockt sich auf die Hinterbeine nieder und preßt die Vorderfüße an den Körper. Unterliegt allerdings der Oberbock, wird er auch von den Männchen, die nicht am Kampf beteiligt waren, gebissen und zerzaust. Er hat damit für immer seine Vorrangstellung eingebüßt.

Die Wissenschaftler haben auch ausprobiert, was passiert, wenn sie ein fremdes Männchen in eine Familiengruppe setzen. Es wird sofort am Geruch als fremd erkannt und angegriffen. In diesem Fall wirken die Demutsgesten nicht hemmend. Der Versuch muß sofort abgebrochen und die fremde Maus wieder herausgenommen werden, wenn der Wissenschaftler nicht den Tod des Tieres verschulden will. In der freien Natur gerät eine Maus gar nicht erst in eine solche Gefahr. Noch bevor sie mit anderen Mäusen in Kontakt kommt, erkennt sie an den Geruchsmarken, wenn sie in ein fremdes Territorium gerät.

Die Weibchen haben eine weniger heiß umkämpfte Rangordnung, aber auch sie tragen manchmal durch Beißen und Drohen Rangstreitigkeiten aus. Es gibt immer Weibchen, die sich besser als andere durchsetzen können, vor allem wenn es ums Futter

geht. Ihr Zusammengehörigkeitsgefühl geht aber andererseits oft so weit, daß mehrere Weibchen ihre Jungen im gleichen Nest werfen und gemeinschaftlich säugen.

Verhalten bei der Jungenaufzucht

Ist ein Weibchen brünstig, wird es vom Alpha-Männchen gedeckt. Die anderen Männchen sind wegen ihrer untergeordneten Stellung dazu nicht fähig, weil sie von dem Weibchen nicht angenommen und vom Oberbock verjagt werden.

Die Gemeinschaftsnester der Weibchen haben den Vorteil, daß die Kleinen bei allen Weibchen trinken dürfen. Sind es sehr viele Junge in einem Wurf, gedeihen sie deshalb besser, als wenn sie nur von einem Weibchen gesäugt würden. Ein weiterer Vorteil ist die höhere Nestwärme. Damit die Jungen gut gedeihen, brauchen sie etwa 30 °C. Im Einzelnest muß die Mutter die Jungen längere Zeit allein lassen, um Nahrung zu suchen. Im Gemeinschaftsnest bleibt immer wenigstens ein Weibchen als Wärmeglucke zurück. Die »Dicke« des Nestes richtet sich nach der Außentemperatur und danach, wieviele Weibchen das Nest aufheizen. Selbst in Kühlhäusern haben Mäuse schon erfolgreich ihre Jungen aufgezogen. Wenn Hausmäuse jedoch die freie Wahl haben, siedeln sie in wärmere Räume um, wenn die Temperatur unter +10 °C absinkt.

Muß der Nestplatz bei Temperaturabfall oder Gefahr durch Feinde verlegt werden, packt das Weibchen die Jungen mit den Zähnen an der Nackenhaut. Das Junge fällt dabei reflexartig in die Tragestarre. Es hängt bewegungslos im Maul der Mutter, Beine und Schwanz liegen eng an, und der Körper ist etwas eingerollt. Ein Weibchen, das mit seinen Babys eingefangen wird, tötet und frißt meist seine Jungen auf, da durch die Streßsitua-

Mäusemutter mit Jungtieren im Nest.

tion sein Hormonhaushalt beeinflußt wird. Verlieren die Jungmäuse ihre Mutter, werden sie oft von anderen Muttertieren adoptiert. Legt man einer Hausmaus artfremde Jungtiere, zum Beispiel Gelbhals- und Waldmäuse oder auch Wüsten- und Springmäuse ins Nest, so werden diese ohne Zögern angenommen, denn die Jungtiere haben noch keinen arttypischen Geruch, an dem die Mutter sie erkennen könnte. Er ist auch nicht notwendig, denn nur ein Wissenschaftler kann sich solche Experimente einfallen lassen, in der Natur sind es immer die eigenen Jungen, die im Nest liegen.

Überlebensstrategie: Fruchtbarkeit

Die Hausmaus ist eigentlich ein wehrloses Tier, das stets versucht in Dekkung zu bleiben und bei der geringsten Störung in Verstecke flieht. Über offene Flächen läuft sie nur ungern und immer nur eine kurze Strecke, um dann wieder unbeweglich zu verharren. Sie bevorzugt dunkle, überwachsene Stellen. Katzen, Eulen, Mauswiesel, Hermelin, Iltis, Fuchs, Igel, Schlangen, Mäusebussard, aber auch Spitzmäuse sind eine ständige Bedrohung für Mäuse. Allein durch ihre enorme Fruchtbarkeit können sie überleben. Sie vermehren sich vom zeitigen Frühjahr bis zum Spätherbst, nur durch die Winterkälte wird die Fruchtbarkeit gestoppt. Mäuse jedoch, die einen warmen Überwinterungsplatz mit genügend Nahrung gefunden haben, bringen ohne Unterbrechung das ganze Jahr über Junge zur Welt. Da die Weibchen etwa 23 Tage trächtig sind und die Jungen 20 Tage lang gesäugt werden, können Mäuseweibchen ca. alle 45 Tage Junge werfen. Das sind im Jahr bis zu acht Würfe mit durchschnittlich sieben Jungen. Man kann also damit rechnen, daß ein Weibchen ungefähr 56 Junge pro Jahr bekommt. Im Alter von 60 Tagen können die Jungweibchen selbst schon Kinder bekommen. Wegen dieser rasanten Vermehrungsrate kommt es dort zu Mäuseplagen, wo es wenig natürliche Feinde gibt. Durch Käfigversuche aber hat man herausgefunden, daß sich die Mäuse nur bis zu einer bestimmten Anzahl so übermäßig vermehren. Dann setzt eine wirksame Geburtenkontrolle ein: Bei den Weibchen wird die Fruchtbarkeit eingeschränkt, sie bekommen keine oder nur noch wenige Junge in großen Abständen, die Jungweibchen bleiben meist ganz fortpflanzungsunfähig.

Viele Jungtiere sterben, da sie gar nicht oder nur unzureichend versorgt werden. Diese Art der Geburtenkontrolle beruht auf hormonalen Veränderungen, die der Streß der Überbevölkerung in den Tieren hervorruft. Der Streß wirkt sich auch auf die Schlußlichter in der Rangordnung aus, sie sterben oft ohne erkennbare Krankheitsanzeichen. Durch diese Regelmechanismen wird verhindert, daß die Mäusepopulation sich ins Unermeßliche vergrößert und letztendlich das Leben aller durch Nahrungsmangel und Verschmutzung vernichtet würde. In der freien Natur kommt es selten zu dieser »Notbremse«. Wird die Population trotz der Feinde zu groß, entziehen sich viele Mäuse dem anwachsenden Streß, indem sie in mäusefreie Gebiete auswandern.

Die Sinnesorgane

Im Gegensatz zu uns Menschen sehen die Mäuse nur unscharf. Für sie ist es nicht wichtig, Details ihrer Umgebung zu erkennen. Dafür ist es aber um so notwendiger, vor einem Feind rechtzeitig zu flüchten. Es muß alles sehr schnell gehen. Es wäre zu gefährlich, erst zu schauen, was es für ein Feind ist und wie er aussieht. Ihre uns so niedlich erscheinenden Kugelaugen erfüllen bestens die Aufgabe eines Frühwarnsystems. Von welcher Richtung auch immer sich ein Feind nähert – von vorn, hinten oder seitwärts –, die Mäuse sehen die Bewegung irgendeines Körpers und huschen in das nächste Versteck. Wenn dagegen eine Katze bewegungslos vor einem Mauseloch lauert, erkennen sie diese nicht.

Die Detailinformationen über ihre Umwelt erhält die Maus von dem Geruchs-, dem Hör- und dem Tastsinn. Diese Sinne sind bei ihr viel leistungsfähiger entwickelt als bei uns Menschen. Der Geruch ist besonders wichtig für das Sozialverhalten in der Gruppe, da die Familienmitglieder sich am Geruch erkennen. Auch für die Fortpflanzung ist das »Riechen« wichtig, denn das Männchen erkennt am Geruch, wenn das Weibchen paarungsbereit ist.

Mit ihrem Tastsinn kann sich die Maus sogar in völliger Dunkelheit orientieren. Tasthaare sitzen rund um die Schnauze, über den Augen, an den Körperseiten und den Beinen.

Bei sanftester Berührung senden sie Signale ins Gehirn der Maus. Auch das Gehör ist äußerst sensibel. Vor allem sind es Töne höherer Frequenz, die

das menschliche Gehör gar nicht mehr wahrnehmen kann. Die oberste Hörgrenze des Menschen liegt bei 16 000–20 000 Hz, die der Maus aber bei 100 000 Hz. Deshalb hören wir die vieltönige, variationsreiche »Sprache« der Mäuse gar nicht. Nur einfache Piepslaute, die noch in unserem Hörbereich liegen, vernehmen wir. Mit Hilfe komplizierter Apparate, den Oszillographen, kann man jedoch die Geräusche im Ultraschall als Kurven auf Papier aufzeichnen.
An das hervorragende Hörvermögen mußten sich die Feinde der Mäuse anpassen, um überhaupt ab und zu einen Jagderfolg zu erzielen. Sie versuchen, sich besonders leise anzuschleichen.
Wir erkennen, daß die kleinen, scheinbar so wehrlosen Mäuse bestens für den Überlebenskampf ausgerüstet sind. Alle ihre Fähigkeiten dienen dazu, ihren vielen Feinden zu entkommen und ein Gebiet mit einer größtmöglichen Anzahl von Mäusen zu besiedeln, ohne aber ihre Lebensgrundlage dabei selbst zu zerstören.

Mit ihren feinen Tasthaaren »sieht« die Maus auch im Dunkeln!

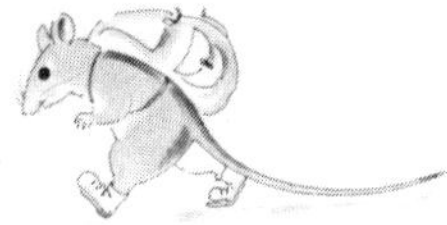

Unsere Ratte

Viele Tierfreunde zucken unwillkürlich zusammen, wenn sie das Wort »Ratte« hören. Ratten rufen bei den meisten Menschen das Gefühl von Abscheu und Ekel hervor. Unwillkürlich denkt man an Schmutz und Unrat, weil sie auch auf Müllhalden, in Slums und in der Kanalisation vorkommen. Man bringt sie mit Krankheiten in Verbindung, denn sie waren nicht nur Zwischenwirte für die Pestflöhe, sondern übertragen noch heute gefährliche Krankheiten auf Mensch und Haustiere. So wurde das Wort »Ratte« in fast allen Sprachen der Welt zum Inbegriff von etwas Abscheulichem. Diese Einstellung ist durchaus berechtigt gegenüber der Wanderratte als Überträgerin todbringender Infektionskrankheiten, weniger gegenüber der kleineren und saubereren Hausratte. Diese kann allerdings in Vorratslagern Schaden anrichten. Überhaupt nicht angebracht ist dieser Vorwurf gegenüber der seit unzähligen Generationen in Gefangenschaft gehaltenen Zuchtform der Wanderratte, den Albino- und Farbratten.

Weil sie leicht zu halten und zu züchten sind, wurden sie zunächst in wissenschaftlichen Labors zu Versuchszwecken gehalten. Nach und nach erobern sie sich auch einen Platz als beliebte Heimtiere. Sie vereinigen in sich viele Vorzüge und sind als Pfleglinge gerade für Kinder sehr geeignet. Es sind saubere, sanfte Tiere, die nicht beißen, falls man ihnen keinen Schmerz zufügt, und leicht zähmbar sind.

Sie lernen sehr schnell ihren Pfleger kennen und treten zu ihm in ein persönliches Verhältnis. Ratten haben es sehr gern, wenn man sie streichelt, und können sich zu richtigen Schmusetieren entwickeln. Die Gedächtnisleistungen und das Lernvermögen der Ratten sind denen der Mäuse weit überlegen, obwohl auch hier die individuellen Unterschiede groß sind. So gibt es ausgesprochen »intelligente« Ratten, aber andererseits auch recht »dumme«.

Im Gegensatz zur wildlebenden Wanderratte ist die gezüchtete Ratte auch gegenüber Artgenossen nicht aggressiv. Rangordnungskämpfe kommen kaum vor, und es bereitet keine Schwierigkeiten, neue Tiere aneinander zu gewöhnen.

Als Pfleglinge für Kleinkinder und während der ersten Schuljahre sind Ratten nicht geeignet. Erst mit etwa 10 Jahren sind Kinder in der Lage, sie richtig anzufassen und sich mit den lernbereiten Tieren zu beschäftigen.

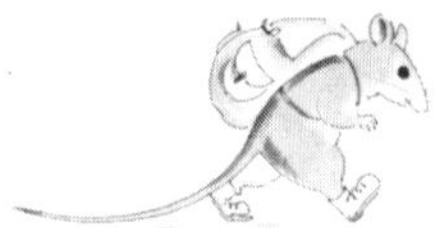

Biologie und Fortpflanzung

Tragzeit:	21–24 Tage; Verlängerung bis zu 34 Tagen, wenn das Weibchen gleichzeitig einen Wurf säugt.
Geburt:	Meist nachts; 15—20 Minuten Dauer, im Extremfall auch über 24 Stunden.
Anzahl der Jungen:	1—10, maximal bis 23.
Geburtsgewicht:	4–7 Gramm
Beginn der Fellentwicklung:	2.–3. Tag
Durchbruch der Nagezähne:	mit 8–10 Tagen
Öffnen der Augen:	mit 10–17 Tagen
Säugedauer:	28 Tage
Selbständigwerden der Jungen:	mit 3–4 Wochen
Geschlechtsreife:	mit 5–9 Wochen
Ausgewachsen:	mit 6 Monaten
Erreichbares Alter:	3 Jahre, maximal 7 Jahre.

Ein Weibchen wirft pro Jahr 8- bis 9mal. Im Laufe seines Lebens bringt es etwa 15 Würfe hervor. Somit kann ein einziges Weibchen immerhin ungefähr 120 Junge produzieren. Hat ein Rattenweibchen allerdings bis zum 18. Monat niemals Kontakt mit einem Männchen, wird es steril.

Die Jungen sind bei der Geburt kirschrot und haben die Größe eines Maikäfers. Augen und Ohren sind geschlossen, der Schwanz noch recht kurz.

Sie sind völlig hilflos und auf die Fürsorge der Mutter angewiesen. Die Rattenweibchen sind auch rührend um den Nachwuchs besorgt und adoptieren sogar fremde Junge, selbst

von anderen Arten. Manchmal saugen sich die hungrigen Kleinen so sehr an den Zitzen der Mutter fest, daß sie von dem Weibchen beim Verlassen des Nestes mit hinausgeschleift werden. Sie stoßen dann hohe Piepslaute aus. Die Mutter reagiert sofort, packt die Kleinen an der Nackenhaut und trägt sie zurück.

Wenn mehrere Weibchen gleichzeitig Junge haben, werfen sie sie in ein Gemeinschaftsnest. Säugende Weibchen dürfen nicht beunruhigt werden, sonst tragen sie die Babys auf der Suche nach einem sicheren Platz im Käfig umher oder töten sie sogar. Man trennt auch das trächtige Weibchen vorher von dem Männchen, damit es in Ruhe werfen und die Jungen aufziehen kann.

Schon zwei Wochen alte Jungtiere entreißen der Mutter Futterbrocken und lernen auf diese Weise, welches Futter bekömmlich ist. Bevor die jungen Ratten erwachsen werden, durchleben sie eine intensive Spielphase, während der sie auch das Sozialverhalten im Rudel erlernen. Sie liefern sich Scheinkämpfe, umkreisen den »Gegner« mit gesträubtem Fell, wetzen mit den Zähnen und lassen ein hohes Fiepen hören. Beißereien kommen sehr selten vor. Nach fünf Wochen muß man die weiblichen und männlichen Jungtiere voneinander trennen, wenn keine weitere Vermehrung gewünscht wird (Geschlechtsbestimmung wie bei der Hausmaus).

Vom Umgang mit der Ratte

Ratten, die noch keine schlechten Erfahrungen mit Menschen gemacht haben, werden niemals schmerzhaft zubeißen. Überhaupt ist die gezüchtete Ratte in der Regel nicht aggressiv. Man kann sie also ohne Angst in die Hand nehmen. Tiere, die noch nicht ganz zahm sind, greift man mit einer Hand um die Schulter. Zahme Ratten klettern von selbst einfach in die bereitgehaltene Hand.

Ratten sind im Gegensatz zu den zarten Mäuschen viel derber und kräftiger gebaut. Man braucht also weniger besorgt zu sein, sie zu quetschen oder zu drücken. Auch sie lieben es, auf unserem Körper spazierenzugehen und bleiben gern auf der Schulter hocken oder suchen sich einen Lieblingsplatz in einer Tasche. Auf jeden Fall benötigt die Ratte zusätzlich Auslauf im Zimmer, denn einen so geräumigen Käfig, wie sie ihn braucht, können wir ihr gar nicht bieten. In einer Zimmerecke oder auf einem Tischchen können wir Geräte zum Spielen und Lernen aufstellen: Wippen, Laufräder, Kletter- und Balancierstangen, Tunnel, Strickleitern usw., möglichst in mehreren Etagen mit verschlungenen Wegen. Man braucht dazu kein großer Bastler zu sein. Aus Holzabfällen, Bauklötzen, Stangen, Blumentöpfen und ähnlichem baut man ein phantasievolles Gebilde. Man kann die Einzelteile auch jedesmal wieder neu kombinieren und so für Abwechslung sorgen.

Unterbringung

Wie die Maus benötigt die Ratte eine trockene, gleichmäßig temperierte Umgebung, zwischen 20—22 °C. Auch die Luftfeuchtigkeit sollte nicht höher als normal sein, ca. 44—55%. Es ist unbedingt zu vermeiden, daß der Käfig direkt dem Sonnenlicht ausgesetzt ist. Die Ratte könnte einen Hitzschlag bekommen, auf jeden Fall ist ihr grelles Licht unangenehm. Der Raum muß gut belüftbar sein, aber es darf keine Zugluft entstehen. Man kann das Tier also nicht irgendwo in den Keller oder andere Notunterkünfte abschieben, sondern wir müssen für den Käfig einen geeigneten Platz in unserer Wohnung suchen. Die Mindestgröße des Käfigs für ein Tier beträgt 80 × 40 × 25 cm, wenn möglich größer. Üblicherweise nimmt man Draht- oder Kunststoffkäfige, wie es sie im Handel zu kaufen gibt. Als Auslauf und Spielplatz kann die große Unterschale eines Kaninchenheims dienen, die mit vielen Möglichkeiten zum Klettern und Toben ausgestattet wird.

Fütterung

Man rechnet mit einem Verzehr von 15–20 g Futter pro Tier und Tag. Wir füttern vor allem ein gemischtes Körnerfutter: Gerste, Hafer, Mais, Kleie, Weizen, Sonnenblumenkerne, Linsen, dann auch Nagerbrot und Knabberstangen, Salat, Mohrrüben, Kartoffeln und andere Obst- und Gemüsesorten. Im Handel werden auch spezielle, für Mäuse und Ratten geeignete »Pellets« als Alleinfutter und Futtermischungen angeboten.

Krankheiten

Die Ratte hat im Gegensatz zur Maus ein gut entwickeltes Immunsystem. Das braucht sie auch, denn die wildle-

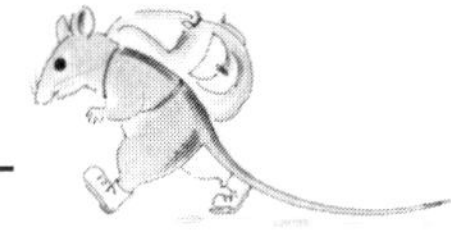

bende Wanderratte kommt durch ihre Lebensweise mit zahlreichen gefährlichen Krankheitserregern in Kontakt und wäre schon längst ausgestorben, wenn sie nicht über ausgezeichnete Abwehrmechanismen verfügen würde. Deshalb besteht bei regelmäßiger Reinigung, ausreichender und vielseitiger Fütterung und richtiger Unterbringung kaum die Gefahr einer Erkrankung.
Allerdings können durch übermäßige Inzucht Anomalien, Krankheitsanfälligkeit und Erbkrankheiten auftreten. Deshalb beim Kauf darauf achten, nur gesunde Tiere zu erwerben. Mögliche Krankheitssymptome sind: glanzloses, struppiges Fell, Laufen mit gewölbtem Rücken (beim Sitzen wird natürlicherweise der Rücken gewölbt), Flankenatmung, Schnaufen, kauernde Haltung, hervortretende Rückenwirbel, Abmagerung, Durchfall.
Warten Sie bei auffälligen Veränderungen nicht zu lange mit einem Tierarztbesuch. Manchmal kann auch der Zoofachhändler helfen.

Literatur

Benel, G.: Vererbung, Albrecht Philler Verlag, München 1969.

Bielfeld, H.: Mäuse. Gräfe und Unzer, München 1984.

Brock, F.: Jahrmarktdressuren wilder Mäuse. Zool. Anzeiger 1934.

Eibl-Eibesfeldt, I.: Das Verhalten der Nagetiere. In Handb. d. Zool. Band V., Mammalia. Verlag de Gruyter, Berlin 1958.

Elser, M.: Mäuse im Käfig. Dt. Kleintierzüchter 1953.

Elser, M.: Erbversuche mit Mäusen. Württ. Schulwarte 13, 1937.

Herrscher, Rüdiger und Bernhard Grössle: Welches Tier für mein Kind? Kosmos Verlag, Stuttgart 1994.

Kalmus: Genetik, Ein Grundriß. Georg Thieme Verlag, Stuttgart 1976.

Leibenguth: Züchtungsgenetik. Georg Thieme Verlag, Stuttgart 1982.

Plate, L.: Spezielle Genetik einiger Nager. Gustav Fischer Verlag, Jena 1938.

Rohrbach, Carmen: Unsere Rennmäuse. Kosmos Verlag, 3. Auflage, Stuttgart 1997.

Schmidt, G.: Kleinsäuger. Ulmer Verlag, Stuttgart 1973.

Schmidt, G.: Die Erbkrankheiten der Maus. Deutsche Kleintierzüchter 1983.

Register

Register